AF166459

Gottlieb Ernst August Mehmel

Briefe eines Weltbürgers über die Regierungsveränderung in den

Frst. Anspach und Baireuth

Gottlieb Ernst August Mehmel

Briefe eines Weltbürgers über die Regierungsveränderung in den Frst. Anspach und Baireuth

ISBN/EAN: 9783743478183

Hergestellt in Europa, USA, Kanada, Australien, Japan

Cover: Foto ©Suzi / pixelio.de

Weitere Bücher finden Sie auf **www.hansebooks.com**

Briefe

eines

Weltbürgers

über die

Regierungsveränderung

in den

Fürstenthümern

Anspach und Baireuth.

Erlangen,

in der Palmischen Buchhandlung.

Erster Brief.

Der Markgraf von Anspach und Baireuth legt freiwillig die Krone nieder. Beurtheilung dieses Schrittes.

Es ist Ihnen unbegreiflich, lieber Freund, wie ein guter Regent die Krone niederlegen, blühende Länder und glückliche Unterthanen verlassen könne! Wie, wenn die Quelle dieser Unbegreiflichkeit in Ihrem eigenen Herzen entspränge? Sie waren Ihrem Markgrafen ergeben, wie ein braver Sohn dem Vater ergeben ist, und voll des heissen Wunsches, ihn nicht zu verlieren, finden Sie's unbegreiflich, daß Sie ihn durch seine freie Entschliessung wirklich verloren haben. Alles was. Sie mir über seinen Abschied schreiben,

A   ist

ist die Frucht eines tiefen Gefühl's, lassen Sie uns seh'n, ob es auch die Frucht einer ruhigen und unbefangenen Prüfung ist. „Hätte die Jahre des grauen Alters, sagen „Sie, bei dem Gefühl' erschöpfter Kräfte „ihn vermocht, das Scepter rüstigern Händen zu übergeben, und im Schooße erworbener Ruhe den nahen Abend eines thatenreichen Lebens zu erwarten, so würden Sie „mit theilnehmender Rührung den müden, „weisen Vater segnen. Aber, setzen Sie hinzu, im Sommer des Lebens, beim Anblick „der reifenden Saat des Guten, sich loszureißen aus den Armen treuer Unterthanen, um „sie unter einem fremden Volke im Genuß' „der Zerstreuungen und des Vergnügens zu „vergessen, das mache Ihnen sein Betragen „zu einem unauflösbaren Räthsel." Sie stellen in diesem Urtheile Behauptungen als ausgemacht auf, die wohl erst bewiesen werden müßten. Ist es Ihnen wirklich wahrscheinlich, daß der leichtsinnige Hang, ungehindert dem Vergnügen zu fröhnen, die Aufforderungen der Vernunft und Ehre in der

Seele

Seele eines guten Regenten, wie Ihr Markgraf war, so sehr entkräften könne, daß er blos durch die Bezauberungen dieser Sirene verführt, die Krone niedergelegt hätte? Wo sind die Beweise aus den Tagen seiner Regierung, die einen solchen Verdacht rechtfertigen? Und sagt Ihnen auch etwa die Geschichte, daß es für die Beherrscher der Staaten eines solchen Schrittes bedarf, um ienen Hang, wenn sie von demselben geleitet werden, zu befriedigen? „Aber die Eingebungen „derer, die das Herz eines Regenten nicht „gerne mit seinen Unterthanen theilen, und „die Unbeständigkeit des Elements fürchten, „worin sie ihr dienstgefälliges Daseyn behaupten! — Sei das eine Quelle des Entschlusses, den Ihr Markgraf ausgeführt hat, wird dadurch erwiesen, daß keine früherwirkende Triebfedern, keine Beweggründe edlerer Art seiner Seele den ersten Gedanken dazu eingegeben und mit den reizenden Bildern von allerley süssen Hoffnungen genährt und unterhalten haben? Mich dünkt, wir sind zu sehr geneigt, bei den Handlungen anderer nur die

Urſachen anzuerkennen, die in die Augen fallen. Wir überheben uns dadurch der Mühe
diejenigen aufzuſuchen, die im verborgenen
und oft am kräftigſten wirken. Auf die Art
iſt uns dann zugleich das Vergnügen mehr
geſichert, ein entſcheidendes Urtheil auszu-
ſprechen! —

Man muß dem Menſchen ſehr nahe, muß
mit ſeinen Neigungen und Verhältniſſen, mit
ſeinen Bedürfniſſen und Wünſchen, muß mit
ſeiner ganzen Denkungsart und mit allen Um-
ſtänden, die auf ſeine Entſchließung gewirkt
haben, genau bekannt ſeyn, wenn man den
Richter ſeines Thuns und Laſſens machen will.
Das menſchliche Herz iſt eine Tiefe, die nur
das Auge der Gottheit ergründet. Unbegreiflich, wie Ihnen die Thronentſagung Ihres geweſenen Markgrafen, iſt mir oft die
Schnelligkeit und die ſtolze Miene der Unfehl-
barkeit, womit man über Menſchen aburtheilt.
Sie, mein Freund, liebten den guten
Chriſtian Friedrich Karl Alexander zu aufrichtig, als daß die plötzliche Nachricht von der
gänz-

gänzlichen Abtretung seiner Länder Ihrem Herzen in den ersten Augenblicken der Aufwal-
lung nicht einen kleinen Unwillen sollte abge-
nöthigt haben. Die Urtheile der verlassenen
Liebe sind immer etwas streng; doch ist es ihr
mit dieser Strenge gewöhnlich so wenig Ernst,
daß der in Gefahr kommen würde, ihr Vertrauen zu verscherzen, der in dieselbe mit ein-
stimmen wollte. Bricht die Liebe in Klagen und
unwillige Aeußerungen über den Gegenstand ihrer Ergebenheit aus, so ist es meistentheils
um widerlegt zu werden und Gutes zu hören.
Die wahre Gesinnung ihres Herzens, mein
Theurer, schimmert überall, wie warme Strah-
len der Morgensonne, durch die äußerliche Be-
kleidung kalter Worte durch. Ich habe mich
dabei mit innigem Vergnügen jener schönen
Stelle eines Ihrer vorigen Briefe wieder erinnert, worin Sie sich über die lieblose Ueber-
eilung erklären, im Tone richterlicher Ent-
scheidung über die Handlungen anderer abzu-
sprechen. „Je mehr, das sind Ihre Worte,
„es gegenwärtig zur Beglaubigung des Ta-
„lents zu gehören scheint, die Geißel über je-

A 3 „den

„ben zu schwingen, der das Unglück hat, von
„irgend einer Seite zu mißfallen, desto mehr
„sollte sich's der Mann von reifer Urtheils-
„kraft und vollendetem Charakter zum Gesetz
„machen, so lange von iedem das beste zu
„glauben, bis unwidersprechliche Beweise ihm
„die Ueberzeugung vom Gegentheil abnöthig-
„ten. Ich finde so viel schöne, edle und
„grosse Züge vortreflicher Gesinnungen unter
„den Menschen, ich habe selbst in meinem
„Leben unter Hohen und Niedrigen so viel
„Wohlwollen, so viel Freundschaft und Liebe
„gefunden, daß ich diese Denkungsart als ei-
„ne unverletzliche Pflicht gegen die Vorsehung
„betrachte, und in gerührter Dankbarkeit über
„das Glück ein Mensch zu seyn, mich selig
„preise, daß es nie mit mir dahin gekom-
„men ist, an der Tugend der Menschen zu
„zweifeln." Diese Worte scheinen mir den
Geist zu athmen, der die Urtheile des Ver-
nünftigen beseelen sollte. Prüfen Sie in wie-
fern er in den meinigen herrscht.

Sie

Sie haben das Gemählde der Glückseligkeit, Glückliche zu machen in Ihrem Briefe mit den reinsten und schönsten Farben so sprechend und bedeutungsvoll ausgeführt, daß ich zweifeln möchte, ob der gute Alexander es würde betrachten können, ohne Reue über einen Schritt zu empfinden, der um so bedenklicher ist, weil es ungewiß ist, ob er dadurch zu dem Ziele seiner Wünsche gelangen wird. Ich erinnere Sie hier an die Tochter des grossen Gustavs der Schweden. Der Zauber, der sie vom Throne lockte verschwand, und sie sehnte sich wieder auf ihn zurück! — Sie zählen den Ruhm, zufriedene und glückliche Unterthanen zu beherrschen unter die unverkaufbaren Vorzüge und Schätze, deren Verlust, wie der Verlust der Unschuld und Tugend, nicht ersezt werden kann. Aber Sie wissen ja auch was der menschenfreundliche Alexander seinen Ländern und Unterthanen war; schließen Sie daraus, ob sein Herz Ihrer Behauptung widersprechen würde. Ich stimme Ihnen übrigens ganz bei: Schöpfer des Wohlstandes und der Lebensfreuden Anderer zu werden, erhebt den

Men-

Menschen zum Ebenbilde der Gottheit, und
flößt dem Herzen ein Gefühl der Wonne, der
Würdigkeit und Selbstschätzung ein, die den
Menschen, der sich über die Thiere des Feldes
erhebt, bei dem Bestreben nach Glückseligkeit,
allein befriedigen können. Wo hat ie ein
Mensch gelebt, der sich nicht gedrungen gefühlt hätte, andern Freude zu machen? Wohlwollen ist ein Bedürfniß der unverdorbenen
Natur, das sich zwar unterdrücken, aber nicht
ganz vertilgen läßt. Alles, was demselben
zuwider ist, entzweiht den Menschen mit sich
selbst und die wahre Glückseligkeit entflieht
von ihm, weil sie sich von keinem umarmen
läßt, in dessen Innern die Quelle menschen-
freundlicher Güte versiegt ist. Treue und Gewissenhaftigkeit in dem Berufe, den die Vorsehung uns ertheilt hat, halten die Zuflüsse
zu dieser Quelle offen. Wenn hingegen die
Liebe zur Pflicht und zur Thätigkeit im Guten erkaltet, so verwandelt sich die warme
Theilnahme am Wohl der Menschheit in schnö-
de Selbstsucht. Bösartige Launen bemächti-
gen sich des Herzens, das Vergnügen in Ge-
schäft-

schäftlosigkeit sucht, Ueberdruß lauscht unter den Blumen der Sinnenergötzung und alle Bestrebungen werden gekettet an die Fesseln eigennütziger Begierden. Dann gleicht der Mensch einem unreinen Acker, worauf die wahren Freuden des Lebens, die reinen Boden verlangen, nicht gedeih'n. Diese Bemerkungen werden Sie überzeugen können, daß ich ganz Ihrer Meinung bin, wenn Sie die richtige Schätzung der Vorzüge eines Postens, den der Mensch im Staate behauptet, auf die mehrere oder wenigere Gelegenheit gründen, gutes zu stiften und auf das Wohlseyn unserer Gattung zu wirken. Hierin allein liegt das Beneidenswerthe des Reichthums, des Ansehns und der Macht, welche die höhern Stände unterscheiden. Daraus ist es zugleich zu erklären, wie es Menschen von Talenten und gebildeten Herzen geben kann, die bei den besten Glücksumständen, ohne von dem Fantom der äußerlichen Ehre geblendet zu seyn, einen bestimmten Beruf im Staate der unbeschränkten Freiheit vorziehn.

Ich

Ich fühle, liebster Freund, wie Ihnen bisher
bei Lesung meines Briefs zu Muthe seyn muß.
Ich werde Ihnen obiges Räthsel mehr zu ver-
wickeln als aufzulösen scheinen. Und dennoch
kann ich nicht umhin, diese Verwickelung, bevor ich sie zu lösen versuche, noch durch einige andre Betrachtungen zu vermehren. Sie
wissen, daß die bravdenkenden Franken, zu denen Sie nicht ohne das Gefühl eines edlen
Stolzes gehören, ihren Markgrafen gerade
deswegen liebten, weil er sie glücklich zu machen strebte. Seine Liebe zu den Ländern, die
ihm einen grossen Theil ihres jetzigen Wohlstandes verdanken*), fesselte ihn so angenehm,
daß er sich ungern von denselben entfernte.
Seine Reisen ins Aussenland waren gewöhnlich von kurzer Dauer: Einer seiner ehema-
ligen würdigen Diener theilte mir die Bemerkung mit, daß sich Ihr Alexander immer nur in
kleinen Tagereisen aus seinen Staaten entfernt
und mit grossem Vergnügen bald hier bald

da

*) Siehe Fischers statistische und topographische
Beschreibung des Burggrafthums Nürnberg.
Theil 1. Seite 73. ff.

da auch in Dörfern verweilt habe. In der Ferne selbst, das bezeugen alle die ihn begleiteten, waren seine Länder und Unterthanen der liebste Stoff seiner Unterhaltung. Von der Freude des Wiedersehns beseelt, eilte er auf der Rückkehr in den stärksten Tagereisen seinen Ländern entgegen, hielt sich nirgends auf, bis er ihre Grenzen erreicht hatte, dann verweilte er wieder hier und da, sprach mit jedermann, erkundigte sich nach allem und nahte sich nur langsam den Mauern seiner landesväterlichen Behausung. Und doch konnte er bei dem Glücke geliebt zu werden, sich von einem Volke trennen, das er liebte? Hier, Freund, ich fühl es lebhaft, ist grosse Versuchung sich im heiligen Eifer zu übereilen und ein Urtheil über den guten Alexander zu fällen, das zwar dem anmaßenden Tone vieler Kraftgenies entsprechen, aber deswegen vielleicht um kein Haar vernünftiger seyn möchte. Ich bin immer der Meinung gewesen, daß etwas Ueberlegung und ein wenig Bescheidenheit eben nicht schaden, wenn es darauf ankommt vernünftig zu urtheilen. Es hängt

hier

hier alles davon ab, die Sache aus dem richtigen Gesichtspunkte zu betrachten. Der wahre Seher, sagt einer unserer besten Philoso-
phen, ist, der sich allemal ans rechte Plätzchen stellt. Wäre es nur mit weniger Schwie-
rigkeit verknüpft, das rechte Plätzchen sicher
zu treffen! Es geht in diesem Fall dem Be-
obachter des Menschen wie dem Landschafts-
mahler. Je interessanter eine Gegend ist,
desto schwerer wird die Wahl der besten An-
sicht. Die Niederlegung einer Krone und ihre Uebergebung in die Hände eines gütigen,
weisen Fürsten, haben unsre Aufmerksamkeit
und Nachdenken gereizt. Der Gegenstand
schwebt über unserm Gesichtskreise. Hier ist
es nothwendig, den Blick zu erheben und einen hohen Standpunkt der Beobachtung zu
wählen. Muth, Freund! wir müssen uns
dem Throne selbst nahen und die Krone, die
das Haupt des Geweihten schmückt, beschauen!

Menschen zu regieren, ist ohnstreitig die
edelste, ruhmvollste und höchste Kunst, zu welcher die Vernunft eines Sterblichen sich empor

por bilden kann. Der bloße Gedanke erhebt die Seele, der Erste von tausenden zu seyn und ihre Handlungen zum Wohl des ganzen zu leiten. Nur ein hoher Grad langgenähr= ter Verdorbenheit, nur eine grosse Entnervung des Geistes und Herzens können es möglich ma= chen, in diesem hohen Berufe keine Auffor= derung zur Selbstveredlung und zu ruhmwür= digen Gesinnungen zu finden. Der Erste an Macht und Ehre zu den Letzten an Weisheit und Tugend zu gehören, erniedrigt zu tiefer Verachtungswürdigkeit. Aber der Menschen= freund, der Weise, der Mann von Thatenkraft, Gewissenhaftigkeit und Tugendeifer auf dem Throne, ist die schönste Zierde der Menschheit. Wer seinen Namen nennt und sich den Empfin= dungen des Grossen und Erhabnen öfnen kann, fühlt sein Herz von staunender Ehrfurcht durchwärmt. Der Name eines Titus, eines An= toni'ns, eines Heinrich's des Vierten, eines Frie= drich's des Einzigen, prangen unvergeßlich zur Verherrlichung unsrer Gattung in den Jahr= büchern der Menschheit. Aber wer mag auch die Schwierigkeiten alle aufzählen, womit die=

se

se groſſe und edle Seelen zu kämpfen hatten, bevor ſie die Höhe erreichten, von der ihr Ruhm herabſtrahlt? Es iſt ſchwer, unter groſſen Künſtlern der Größte zu ſeyn, ſchwer den Auserwählten unſers Herzens nie bewei‑ ſen, daß wir ſie lieben, ſchwer die Beſtrebun‑ gen der prüfenden Vernunft unter den Befehl des trägen Glaubens zu beugen, aber das ſchwerſte unter allen iſt die Kunſt Menſchen zu regieren und glücklich zu machen. Laſſen Sie uns dieſen Gedanken näher ins Auge faſſen. In welches Labyrinth geräth der Menſch nicht, wenn er mit aufmerkſamen Bli‑ cken ſich ſelbſt betrachtet! Welche Miſchung von entgegengeſetzten Neigungen und Leiden‑ ſchaften, welcher Kampf zwiſchen Kraft und Schwachheit, welche Bedürfniſſe, welche Wün‑ ſche! — Wie oft begehren wir das am hef‑ tigſten was unſre Ruhe am ſicherſten unter‑ gräbt! Wie ſchwer wird es uns, die Anmu‑ thungen der Sinnlichkeit zurück zu weiſen und zum Gehorſam gegen die Vernunft zu gewöh‑ nen! Wie lange währt es gewöhnlich nicht, bis der Menſch zu richtigen Begriffen ſeiner

Be‑

Beſtimmung und Glückſeligkeit ſich erhebt? Wie häufig läuft er nicht dem Zauberbilde einer täuſchenden Hofnung nach und umarmt eine Wolfe ſtatt der Göttin! Wenden Sie dieß auf eine Geſellſchaft von vielen tauſenden an und verbinden damit die grenzenloſen Abſtufungen der Fähigfeiten und Talente, die verſchieb'nen Miſchungen der Aufflärung und Finſterniß, der Weisheit und Thorheit, den Unterſchied der Tugend und des Laſters, des Reichthums und der Armuth. Bedenken Sie wie ſehr Stand und Alter, Geſundheit und Schwächlichfeit, Stolz und Weggeworfenheit das Intereſſe vervielfältigen. Der Regent ſoll bei dieſem Unterſchied und Wieberſtreit dennoch allen alles werden, alle mit einander, und zu dem gemeinſamen Zwecke der Wirkſamfeit fürs Beſte des Ganzen vereinigen. Für alle ſoll geſorgt ſeyn, ſo daß feinem zu viel geſchehe, feiner überſehn und vernachläßigt werde, und jeder den Platz behaupte, den ſeine Reigungen, ſeine Kräfte und Verdienſte erheiſchen. Welche Forderungen, und wer zählt die Hinderniſſe und

B   Schwie-

Schwierigkeiten, sie zu befriedigen? Menschenfreundlichkeit und unerschütterliche Festig-
keit sollen auf dem Throne einander die Hände reichen, Seelengrösse soll mit sanfter Va-
tergüte sich vereinigen, und der Eifer fürs
Gute durch weise Bedachtsamkeit geleitet
werden. Der Regent braucht Rathgeber,
braucht Theilnehmer an der Regierung. Wie
schwer muß diese Wahl nicht werden! Er soll
das größte Vertrauen auf die Einsicht und
Redlichkeit derer setzen, die er ans Ruder ge-
stellt hat, und sich dennoch durch keinen zu
einem Fehltritt verleiten lassen! Ich wieder-
hohle es, nennen Sie mir eine menschliche
Kunst die größern Schwierigkeiten unterworfen wäre? Und wie, wenn hierin ein Theil
der Auflösung Ihres Räthsels läge? — Ihr
Alexander wurde als ein Menschenfreund geliebt, dem es inneres Bedürfniß war, frohe
und glückliche Unterthanen zu beherrschen.
Die Erfahrung lehrte ihn, wie schwer dieß
Bedürfniß zu befriedigen wäre. Einzelne
Vorfälle raubten ihm die Ruhe. Er litt mit
dem Leidenden, wollte allen helfen, und sah
daß

daß es unmöglich wäre; das verdunkelte in seinem Augen nach und nach den Glanz der Regierung. Oft sah er sich umringt von entgegengesetz-
ten Leidenschaften, und konnte ihre Wirkung
nicht aufhalten. Sein Herz gerieth mit der Re-
gentenpflicht in Streit. Der Kampf der dadurch
in seinem Innersten veranlaßt wurde, führte ihn
allmählig zur Erkenntniß der grossen Wahrheit, daß die innere Glückseligkeit des Lebens
schwer im äußern Glanze des Thrones gedeiht.
So, glaube ich, reifte endlich der Entschluß,
den mehrere vor ihm faßten, im Schooße des
Friedens, der Freundschaft und Ruhe unbe-
neidet und glücklich zu leben.

Mich dünkt es ist kein kleines und ge-
wöhnliches Verdienst, seine Kräfte genau zu
kennen, und richtig zu bestimmen, was man
vermag. Es ist viel gewöhnlicher sich zu viel,
als zu wenig zu zutrauen. Je edler der
Mensch ist, desto weniger will er scheinen,
was er nicht ist. Der Menschheit, das geben Sie ohne Zweifel zu, würde sehr gerathen seyn, wenn keiner auf einem Platze stün-

de,

be, der seinen Neigungen und Fähigkeiten widerspricht. Der Markgraf entsagte dem Throne, weil er sich den Lasten, die er auflegt, und den Pflichten die er heischt, nicht mehr gewachsen fühlte.

Die Schwachheiten des Herzens haben bei allen Menschen mehr oder weniger Antheil an ihren Thun und Lassen. Alexander blieb als Markgraf ein Mensch und mußte die seinigen haben. Der Vernüftige spiegelt sich in solchen Beispielen und verdoppelt die Wachsamkeit über sich selbst.

Man ist zu keiner Zeit aufmerksamer gewesen auf die Schritte der Grossen dieser Erde, als jezt. Jede ihrer Handlungen wird vor den Richterstuhl der Vernunft gefordert. Wenn dieß auf der einen Seite ein Beweis ist, von den grossen Fortschritten, welche die Menschheit an der Hand der Wissenschaften und der Aufflärung zur Anerkennung ihrer Würde und ihrer Rechte gemacht hat, so wäre auf der andern Seite zu wünschen, daß jener Rich-

Richterstuhl nicht so oft von Unwürdigen und Schmähsichtigen bestiegen, nicht so oft durch Unwissenheit und Bosheit, durch Tadelsucht und unanständiges Geschrei entweiht würde. Der ächte Geist der Prüfung ist freundlich wie der Geist der Liebe; er eifert nicht, treibt nicht Muthwillen, blähet sich nicht, stellt sich nicht ungebehrdig, sucht nicht das seine, läßt sich nicht erbittern. Wer andere belehren will sollte sich durch Untadelhaftigkeit und Güte des Charakters nicht weniger als durch Vorzüge der Kenntnisse Achtung erwerben. Wenn Ordnung und Ruhe, diese Pflegerinnen des blühenden Wohlstandes, der Eintracht und des Vertrauens in Familien und Staats-verbindungen, ihren Reitz nicht verlieren, und in ihren Wirkungen gehemt werden sollen, so scheint es Zeit zu seyn, daß Männer von Geisteskraft und Eifer für Menschenwohl der einseitigen und schmähsichtigen Räsonirsucht entgegen arbeiten, die bald, gleich der Hirn-wuth öffentlich rast, bald gleich einer Natter im Verborgenen wüthet.

Man

Man hat seit einer langen Reihe von Jahren mit der Fakel der Aufklärung in der Hand die Finsterniß in Licht zu verwandeln gesucht. Der Erfolg hat auch gezeigt, daß die Bemühungen, den Menschen mit eig'nen Augen sehen zu lehren, nicht vergeblich sind. Ueberall fängt er an seiner Mündigkeit entgegen zu streben, und sich jener Geistesgefangenschaft zu entwinden, welche die schönsten und edelsten Kräfte tödtet. Die tiefen und unermüdeten Nachforschungen im Reiche der Wissenschaften, haben eine herrliche Ausbeute für die Wahrheit und Sittlichkeit, für die Veredlung der Menschheit und die Anerkennung ihrer Rechte geliefert. Unter allen Ständen ist das Bestreben rege geworden, über die wesentlichen Bedürfnisse der menschlichen Natur selbst zu denken. Die Publizität und Preßfreiheit haben ihre Häupter mächtig empor gehoben, und die Wahrheit ist mit der Aegide Minervens bewafnet selbst den Grossen und Monarchen der Erde unter die Augen getreten, und hat ihnen Ehrfurcht gegen ihre Stimme und Achtung gegen die Menschheit eingeprägt.

Viel

Viel Gutes ist ausgeführt, noch mehr vorbereitet. Welcher Menschenklasse, kann man fragen, ist es nicht leichter wie jemals, sich nüzliche Kenntnisse zu erwerben, und sich über die wichtigsten Gegenstände dieses Erdenlebens zu belehren? Das alles sind Erscheinungen, die gleich einer blühenden Flur, dem Auge des menschenfreundlichen Beobachters inniges Vergnügen gewähren. Aber je schöner die Saat des Guten keimt, desto mehr ist es zu beklagen, daß sichs so viele zum Geschäft zu machen scheinen, wucherndes Unkraut zu verbreiten und die gesunden Halme des Waizens zu ersticken. So kommen mir Diejenigen vor, die über alles, was dem Menschen heilig und ehrwürdig ist, im leichtsinnigen und unwürdigen Tone absprechen, und durch die Sprache, die sie führen, Frechheit und Undankbarkeit, Schmähsucht und Widerspenstigkeit verbreiten. Diesen Unheil zu steuern, sollte sich jeder, der Beruf dazu hat, um so mehr angelegen seyn lassen, je grösser das Gewicht seiner Stimme im Rathe der Volkslehrer ist. Nichts in der Welt kann leichter seyn, als

ohne

ohne Schonung und Prüfung die Handlungen
anderer zu verdammen. Ob Gutes dadurch
gestiftet wird, ist eine andere Frage, die aber
leider nicht allen, die belehren wollen, wichtig ist. Wenn die Schrift nur Aufsehn macht
und von vielen gelesen wird! Da der größte
Theil der Schriftsteller auf den Beifall der
Menge rechnet, und sich nicht selten kaum
über die Stufe ihrer Sittlichkeit und Ge-
schmacksbildung erhebt, so kann der sittenlose
und niedrige Ton nicht befremden, wodurch das
ruhmvolle Geschäft, vor dem Angesicht einer
ganzen Nation zu reden, so vielfältig entweiht wird. Es mangelt nicht an schönen
und edlen unter den Menschen, wohl aber
an dem Sinne es anzuerkennen, und es allgemeiner zu machen! Selbst da, wo die Ver-
gessenheit seiner selbst und andre Ursachen den
Menschen zu grossen Fehlern verleiten, ver-
scheucht der Glanz des Bessern häufig den
Schatten der Mängel.

Es ist gewiß kein unangenehmes Schau-
spiel für den verständigen und gebildeten Zu-
schauer,

schauer, mein Freund, sich die Rolle zu verge-
genwärtigen, die Ihr wohlgesinnter Alexander am liebsten spielte. Wohlthun und Freude.
machen, war sein angenehmstes Geschäft. Sein
Ton war Huld und Freundlichkeit, und sein
Betragen gegen jedermann der Abdruck wahrer Menschenliebe. Man würde seinem Namen schon dadurch ein rühmliches Denkmahl
errichten, wenn man die Briefe sammelte, die
er an Gelehrte, und Männer von Verdienst
geschrieben hat, und damit die eigenhändig
abgefaßten Antworten vereinigen wollte, wodurch er denen, die ihr Anliegen und ihre
Bitten seinem Herzen vorlegten, die Gesinnungen offenbahrete, die seine Seele belebten.
Sein Herz scheint ganz für die stillen, sanften Freuden der Liebe, der Vertraulichkeit,
der Freundschaft und des geselligen Wohlwollens geschaffen zu seyn. Sind das Neigun-
gungen die man auf dem Throne befriedigt?
Die Brust verengt sich unter dem Purpur
und muß sich oft gezwungen den unschuldig-
sten und süssesten Gefühlen verschliessen. Das
Leben guter Regenten ist eine Reihe grosser

B 5   Auf-

Aufopferungen. Ob man das in unfern Tagen auch wohl nicht öfters vergißt? — Man
scheint nicht selten nur Augen für die Pflichten und Verbindlichkeiten der Regenten zu
haben, und ohne die Lasten zu erwägen, welche die Krone auferlegt, nur Vergnügen darin zu finden, ihre Schwachheiten zu rügen.
Sie wissen es Freund, daß ich dem guten
Alexander nicht das Geringste verdanke; ich
gehöre nicht zu denen, die einen Landesvater
in ihm verlohren haben. Sie zweifeln daher
um so weniger an der Reinheit meiner Behauptungen, da Sie mein Herz und meine
Denkungsart kennen. Ich schreibe Ihnen
was ich denke, und ich denke so, weil meine
Ueberzeugung es nicht anders gestattet. Man
braucht, dünkt mich, alles was er that, nicht
gerade von allen Seiten zu billigen, um das
Ganze seines Verfahrens wenigstens entschul-
digungswerth zu finden. Um seinen Abschied
von seinen Unterthanen Ihnen ganz in der
Gestalt zu zeigen, in welcher ich ihn erblicke,
muß ich Sie auf einen Hauptumstand aufmerksam machen. Sein ganzes Betragen in

den

den letzten Jahren seiner Regierung zeigt, daß
er mit dem Entschlusse schwanger gieng, der
Regierung zu entsagen; aber er wollte erst seiner Pflicht Genüge thun. Ich lasse es unent-
schieden, ob die bekannte Ministerveränderung
durch diese Absicht veranlaßt wurde, so viel
ist gewiß, daß er einem der würdigsten von
ihnen, dessen wohlwollender Charakter noch
jetzt allgemein verehrt wird, mit Thränen ge-
beten hat, seinen Posten nicht zu verlassen.
Er hat durch dieses Betragen offenbar die
Wünsche der besten seiner Unterthanen für seine Wünsche erklärt. Es ist der Welt nicht
ganz verborgen geblieben, wie sehr er sich
durch Friedrich Wilhelms, des Gütigen, thätige Vermittelung bestrebt hat, einen Mann
an die Spitze seiner Länder zu stellen, dessen
Verlust die wackern Braunschweiger und ihr
grosser Herzog noch nicht vergessen haben.
Alles was von diesem Augenblick an geschehen
ist, zeigt die Absicht, den Gang der Geschäfte
allmählig auf die völlige Abtretung der Länder einzuleiten. Ihr Vergleich den Sie von
der Entfernung des Markgrafen aus seinen
Staa-

Staaten brauchen, scheint mir daher zu hart
zu seyn, und nur durch den Schmerz, den
Sie über seinen Abschied empfinden, ent-
schuldigt werden zu können. Er hat seinen
hohen Posten nicht verlassen als ein Pflicht-
vergessener, sondern aus Achtung gegen seine
Pflicht. Er übergab seine Länder, nach einem
weisen Plane, der weisen und gütigen Regierung eines grossen, menschenfreundlichen Monarchen, dem sie früh oder spät durch die
Rechte des Bluts zugefallen wären. Hier,
Freund, eröfnet sich ein neues Feld schöner
Betrachtungen. Ich segne das Loos das die
Hand der Vorsehung für Sie, und alle die
mit Ihnen unter Preußens Scepter leben,
gezogen hat, und fordere Sie feierlich auf,
mir eine Seite zu zeigen, von der die Unterthanen Ihres gewesenen Markgrafen durch die
erfolgte Regierungsveränderung nicht gewonnen hätten!

Zwei-

Zweiter Brief.

Entstehung des Burggrafthums Nürnberg, nebst einigen Bruchstücken aus der Geschichte seiner Beherrscher.

Bevor sie sich der Anschauung der schönen Außichten überlassen, welche sich für die Brandenburgischen Fürstenthümer Anspach und Baireuth, unter dem Preußischen Scepter in den Gefilden der Gegenwart und Zukunft eröfnen; wünschen Sie in Ihrem letzten Briefe, daß ich Sie auf einem kleinem Spazirgange ins herrliche Feld Ihrer vaterländischen Geschichte begleiten möchte. Sie wollen sich dabei ganz meiner Führung überlassen und erklären mir zum voraus, daß sie keine Entschuldigung annehmen würden, wodurch ich Ihre Bitte von mir ablehnen könnte. Demohngeachtet muß ich Ihnen bekennen, daß ich lange angestanden habe, dieser Einladung ihres freundschaftlichen Vertrauens zu folgen, weil mir das Feld, wo Sie an meiner Hand lustwandeln wollen, zu wenig bekannt ist, um Sie sicher

zu

zu führen. Sie sagen selbst, daß die Wege
dahin noch sehr ungebahnt sind, und meinen,
daß es von allen, die sie gangbar zu machen
gesucht haben, keinem ganz geglückt sey diejenigen Plätze zu entdecken, wo das Auge die
ganze Landschaft überschauen, und bei den angenehmsten und merkwürdigsten Parthien ver-
weilen kann. Ich habe das bisher bei meinen einsamen Spazirgängen, in diesem Felde,
ebenfalls empfunden und oft gewünscht, daß
ein Schmidt, Sprengel, Spitler, Heinrich
oder Schiller sich das Verdienst erwerben möchte, neue Bahnen zu brechen und dadurch iede
andre Leitung entbehrlich zu machen. Die
rühmlichen Bemühungen Ihres arbeitsamen
und gelehrten Landsmannes des Kammerkom-
mißionsraths Fischer, haben bereits einen
schönen Beitrag zur Erfüllung jenes Wunsches
geliefert. Laffen Sie uns die Wege wählen
die er verzeichnet hat, und uns gemeinschaftlich an den merkwürdigen Scenen und
Aussichten ergötzen, die das Auge anlocken
und den Geist zu angenehmen Betrachtungen
einladen.

Ich

Ich habe kein fürstliches Haus in der Geschichte gefunden, das in der Erinnerung an
seine Anherrn mehr Ursache zur Bewunderung und Dankbarkeit, mehr Antrieb zur
Selbstschätzung und verherrlichung seines Namens fände, als das Haus der Brandenburgischen Fürsten. Die Geschichte Ihres Lebens
gleicht einer Gallerie merkwürdiger Gemälde,
unter denen Meisterstücke jeder Art das Auge
fesseln. Thatengrösse und Vatermilde strah-
len nicht selten in grösserm oder geringerm
Glanze aus den rastlosen Bestrebungen her-
vor, wodurch die meisten unter ihnen den
Flor ihrer Länder und den Wohlstand ihrer
Unterthanen zu vermehren gesucht haben.
Man erstaunt, wenn man das was die Regenten aus dem Brandenburgischen Fürstenstam-
me geworden sind mit dem vergleicht, was sie
im Anfange waren. Aber lassen Sie uns
auch dabei nicht vergessen, daß das Volk,
welches unter ihrem Scepter stand und noch
steht, die Vergleichung mit dem edelsten und
bravsten, das je beherrscht wurde, nicht fürchten darf. Ein feiges, unedles und verderb-
tes

tes Volk wird selbst den vortreflichsten und fähigsten Regenten hindern, die Höhe zu erreichen, welcher er mit voller Seele entgegenstrebt. „Man muß den Geist der Nation „kennen, sagt der grosse Wiedereroberer Schle-„siens, und wissen, wozu sie fähig ist, und „wie weit man sich in Unternehmungen wa-„gen kann, wenn man sie gegen den Feind „führt.“ Was hier von den Bedingungen eines rühmlichen Erfolgs im Kriege gesagt wird, gilt nicht weniger von der weisen und ruhigen Vatersorge fürs Wohl und die Veredlung einer Nation in Frieden. Es geht dem Regenten im grossen wie dem Erzieher im kleinen. Die Unmöglichkeit etwas aus dem Menschen zu machen, wozu er verdorben ist, bindet beiden die Hände, und wer es wagt wider diese unerbittliche Feindin zu kämpfen, verurtheilt sich selbst zur Strafe des Sisyphus und setzt sich der Gefahr aus mit Verkennung, Undank und wohl gar Geringschätzung belohnt zu werden. Selbst die schönsten Anlagen des Menschen lassen sich nur durch eine weise Beobachtung einer angemessenen

ſenen Stufenfolge in ihrer Entwickelung zur Vollkommenheit bilden. Wer dieſe Stufen-folge überſchreitet thut eben ſo viele Schritte rückwärts als er vorwärts zu thun glaubte. Geiſtesveredlung, Erhebung der öffentlichen Denkungsart und alle Arten von Vervollkom-nerung des menſchlichen Wohlſtandes werden durch Befehle und Machtſprüche mehr gehemt als befördert. Der Menſch muß ſelbſt für die Empfänglichkeit des Guten reif werden. Man kann ihm nicht mehr Gutes erweiſen, als er fähig iſt zu faſſen. Mit dieſer Ueber-zeugung vor Augen und mit etwas weniger Vorſchnelligkeit würde Joſeph der zweite viel glücklicher in ſeinen Einrichtungen und Unter-nehmungen geweſen ſeyn.

Der Lorber des Verdienſtes, der das Haupt groſſer Regenten ſchmückt, gedeiht nur unter den Händen ihrer Unterthanen. Man kann, dünkt mich, ohne Furcht der Ueber-treibung behaupten, daß der Ruhm, den iene ſich erwarben, immer um die Hälfte der Na-tion gebührt, über die ſie geſetzt waren. Es

C   ſind

sind Lacedämonier nöthig damit es einen Leo-
nidas geben kann, und ich zweifle, ob selbst
der allumfassende Geist Friedrichs des Einzigen, in Portugall und Spanien die Wun-
der würde gethan haben, wodurch er, mit seinen Brandenburgern, auf dem Throne des
grossen Churfürsten Friedrich Wilhelms und
seines eignen strengen aber verdienstvollen Vaters die Unsterblichkeit errungen hat.

Der Ursprung des Brandenburgischen Hauses verliert sich im grauen Alterthum. Die
Franken in den Fürstenthümern Anspach und
Baireuth, und die Unterthanen des Königs
von Preußen sind schon seit Jahrhunderten
mit einander verbrüdert. Die Regierungsveränderung, die durch die Entfernung des Markgrafen erfolgt ist, kann daher nicht anders
betrachtet werden als die Wiedervereinigung
der grossen Familie, die als Zweige eines
Stammes bisher unter verschiedenen Häuptern
lebte. Die Könige von Preußen und die
Markgrafen von Brandenburg-Onolzbach stam-
men gemeinschaftlich von einem und demselben
An-

Anherrn, einem Burggrafen von Nürnberg ab. Wer die ungeheure Eiche in ihrer majestätischen Größe und Unerschütterlichkeit bewundern will, muß in eine Art von Erstaunen versinken, wenn er in Betrachtung derselben bis auf die Eichel zurückgeht, woraus sie entsprossen ist. Wie diese, so ist der Brandenburgische Fürstenstamm bei Sonnenschein und Sturm, durch seine innere Triebkraft, und unter der Pflege von Jahrhunderten zu der gegenwärtigen Größe empor gewachsen. Um sich hiervon anschaulich zu überzeugen, müssen Sie sichs gefallen lassen, mir bis in iene Zeiten zurück zu folgen, wo das teutsche Reich, das seine gegenwärtige Einrichtung und Verfassung nur allmählig und zum Theil erst in neuern Zeiten erhalten hat, noch mit dem Mangel einer zweckmäßigen Organisation, mit Unordnung und Unvollkommenheit aller Art zu kämpfen hatte. Sie werden gewiß das Zeitalter Karls des Grossen und die angrenzenden Jahrhunderte nicht verkennen, wenn ich von einem Zeitalter rede, wo die Verwirrung noch so groß war, daß so gar das nothwen-

wendige Bedürfniß der Sicherheit, und das
natürliche Recht des Eigenthums, nur unter
dem Schuße übermächtiger Waffen nicht ungestraft konnte verletzt werden. Mangel an
zweckmäßigen Gesetzen, Unwissenheit und die
kriegerische Roheit des Zeitalters veranlaßten,
durch die Begünstigung eines schwer zu über-
sehenden Staatskörpers, iene Befehdungen die
erst gegen die Mitte des 15ten Jahrhunderts durch den bekannten Reichsabschied zu
Augsburg 1548 völlig aufgehoben wurden. So
klein die Ursachen dieser Händel des edlen
Faustrechts waren*), so wichtig und schreck-
lich

---

*) Diese schimpfliche Denkmähler, wodurch die
Geschichte die traurige Vernachläßigung der Gei-
steskultur iener barbarischen Jahrhunderte der Nach-
welt aufbewahrt hat, sind darin ganz den aus diesen
Befehdungen entstandenen Duellen unserers Zeitalters ähnlich, daß sie durch unbedeutende und
nichtswürdige Ursachen veranlaßt werden. Heil-
man von Praunheim kündigte der Stadt Frank-
furth die Fehde an, weil ein Mädchen aus derselben
seinem Vetter den Tanz verweigert hatte. Ce'st
tout comme chez nous! — Es würde ein grosses Verdienst um die Menschheit seyn, wenn
die Duelle ausgerottet werden könnten, ohne
an-

lich waren ihre Wirkungen. Blühende Gegenden wurden verwüstet, wohlhabende Städ-

te,

andere Raufereien an ihrer Stelle zu sehen.
Aber man muß zweifeln, ob dieses durch Gesetze
geschehen könne, weil die Menschen dadurch
nicht weiser und edler gemacht werden. Wenn
die Duelle auch nicht alle ihr vernunftwidriges
und sträfliches Daseyn einer und derselben Mutter verdanken, so haben sie doch alle einen ver-
wandten Ursprung. Eine gewisse Roheit des
Geistes und Herzens, Mangel an iener guten Le-
bensart, die sich auf Wohlwollen und Menschenfreundlichkeit gründet, vorurtheilige Eitelkeit,
Schwachheit oder bösartige Gewöhnungen sind
die Pflegerin dieser Hydra. Die Opfer die man
ihr, vorzüglich auf den Universitäten, noch dar-
bringt, werden iedoch immer unblutiger. Man
hat ihr Reich durch einen Zauberschlag auf einmal zerstören wollen, und ist, daß ich mich
so ausdrücke, einem häßlichen Vorurtheil
durch ein schönes begegnet. Ein Ehrenge-
richt sollte die Stimme der Vernunft unterstü-
tzen und geltend machen. Spräche eine rühm-
liche und edle Absicht für die innere Zweckmäs-
sigkeit und Wirksamkeit dieses Planes, so würde
der, welcher den ersten Gedanken dazu dachte
und angab, eine Bürgerkrone verdienen. Aber
es ist keinem zu verargen, der die Menschen
kennt und sich gewöhnt hat, bei dem Blick auf
ihre

te, Schlösser und Ortschaften geplündert und nicht selten in wüste Steinhaufen verwandelt.

Die-

ihre Handlungen, so weit als möglich ist, auf die Quellen derselben zurück zu gehn, wenn er in der Natur eines Gerichts, das in Angelegenheiten gekränkter so genannter Ehre sprechen soll, die Wunderkraft nicht findet, die man ihm zuzuschreiben scheint. Der Richter spricht nur über Handlungen, und hier kommt es doch darauf an, schon die Veranlassungen und Ursachen derselben zu hemmen. Man verdopple die Sorgfalt für die Veredlung des jungen Staatsbürgers und suche nicht blos geschickte sondern vorzüglich moralisch gute Menschen zu bilden. Man stelle Lehrer an auf den Universitäten, die in der Welt und für die Welt gebildet, durch ihre Vorträge, durch ihr Beispiel und durch ihren Umgang, dem Geiste und Herzen Nahrung geben können. Man reformire die noch zum Theil gothischen Universitätsgesetze nach den Bedürfnissen unserer Zeit; man gebe von oben her der Ausübung und Vollziehung weiser Gesetze Heiligkeit und Nachdruck; man sey streng gegen einzelne, die den Gesetzen Hohn sprechen, den Ton und die Sitten verderben; man setze die Lehrer durch ein anständiges Auskommen in den Stand, ihre gesellige Fortbildung nicht vernachläßigen und aus Furcht für des Lebensunterhalt dem einreißenden Strome zusehen zu müssen, dann erst werden

uns-

Diesen Entweihungen menschlicher Vernunft
und Ordnung zu steuren, und sich zugleich die
weitläuftigen und zum Theil heterogenen Geschäfte der Regierung zu erleichtern, ernann-
ten die Kaiser gewisse Grafen, die nach der
Verschiedenheit ihrer Bestimmung auch verschie-
dene Beinamen erhielten. Diesen stand die
Wehr und Vertheidigung der Grenzen oder Mar-
ken zu, und sie hießen daher Markgrafen.
Jene waren in der nämlichen Absicht über
einen bestimmten Strich Landes gesetzt und
hießen Landgrafen. Andere mußten bei
Hofe im Namen des Kaisers alle einlaufende
Beschwerden hören und Recht sprechen, wovon sie den Namen der Pfalzgrafen erhielten. Dazu kamen endlich diejenigen, welche eine Burg oder Feste, wo sie zugleich re-
sidirten, zur Vertheidigung übernahmen und
dafür den Genuß gewißer Einkünfte oder
auch liegender Güter erhielten, und Burg-

C 4   gra-

unsre Akademische Gerichte Ehrengerichte werden, und die Musen und Gratien nicht mehr so
häufig Ursach finden, sich des Unfugs zu schämen, der in ihren Tempeln getrieben wird,

grafen genannt wurden*). Alle diese Grafen hatten das mit einander gemein, daß sie
nebst der richterlichen Gewalt zugleich die
Pflicht auf sich hatten, den Landfrieden zu erhalten und die königlichen Gefälle zu heben
und zu berechnen. Außerdem waren sie be-
fugt, das Heer in dem Kreise ihrer Herrschaft
aufzubieten und anzuführen. Die Burg Nürnberg, die der dabei gelegenen, später erbauten
freien Reichsstadt den Namen gegeben hat,
war der Sitz eines solchen Grafen. Die Geschichte dieses Burggrafthums ist von seinem
Entstehn, bis in die Mitte des zwölften Jahr-
hun-

*) Spuren dieser Burglehn finden sich schon un-
ter Lothar dem Zweiten, und Heinrich in seiner
teutschen Reichsgeschichte nach Gutrie und Gray,
Theil 3 meint, daß sie bereits unter Heinrich
den Vierten bei Gelegenheit der vielen neu erbauten Bergschlösser entstanden wären. Dieser
Geschichtsforscher hält es zugleich für ausgemacht,
daß alle dergleichen Lehen schon damals erblich
gewesen sind, und beruft sich auf das Zeugniß
des Wippo ap. Pistor. T. III. p. 469. wo versichert
wird, daß schon Kaiser Conrad der Sechste die
Lehn auf einer Versammlung von Aachen für
erblich erklärt habe.

hunderts unzuverläßig und dunkel. Erst mit
der Regierung Conrads des Ersten, der dasselbe mit allen seinen Gerechtsamen, als erbliches Reichslehn vom Kaiser Friedrich erhielt *), bekommt sie mehr Licht und Interesse.
Conrad stammte aus dem schwäbischen Hause
der berühmten Grafen Zollern und ist der
Stammvater der Markgrafen und der Churfürsten von Brandenburg. Er und seine Nachkommen waren Statthalter von Nürnberg,
Kaiserliche Landrichter über Franken, und vereinigten in ihrer Würde alle Vorzüge und
Macht Reichsfürstlicher Hoheit **). Die

C 5   Ein-

---

*) Dieß geschah im Jahr 1164. Eine umständliche
Untersuchung der Geschichte dieses Burggrafen
stehet in den wöchentl. histor. Nachrichten, die
zu Baireuth 1766 und in den folgenden Jahren
heraus gekommen sind. Erster Jahrg. S. 211. ff.

**) f. v. Schütz Corpus historiae Brandenb. Sect. VI
und Fischers statistische und topographische Beschreibung des Burggrafthums Nürnberg, erster
Theil. Anspach, 1787. Dritter Abschnitt, von
Seite 12 — 19.

Einkünfte *) und Besitzungen dieses Burggrafthums vermehrten sich von Jahr zu Jahr,
so, daß es durch die Wirthschaftlichkeit, durch
Ankauf, durch Heirathen und Geschenke der
Kaiser endlich seine gegenwärtige Grösse und
Umfang erhielt, und in das Burggrafthum
oberhalb des Gebürges, oder das Fürstenthum Baireuth, und in das Burggrafthum
unterhalb des Gebürges, oder das Fürstenthum Anspach eingetheilt wurde. Conrad war
ein Fürst von vielen persönlichen Vorzügen,
die durch die nahe Verwandschaft mit dem
Kaiser, Friedrich dem Rothbart **), auch
äus-

*) Die Einkünfte dieser Burggrafen in der damali-
gen Zeit beschreibt Rentsch in seinem Zedern-
hain S. 139. Nach ihm hatten sie 1500 fl. baa-
res Geld, und ihre Besitzungen bestanden in der
Burg samt dem Thore, in der Waage, in zwei
Drittheilen vom Schultheißen Amt und einigen
Mühlen. Aber auch außer der Stadt, setzt er
hinzu, hatten sie ein weitläuftiges Territorium.
viele Städte, Flecken und Hochfürstliche Do-
mainen.

**) Conrad hatte eine Gräfin von Vohburg, Schwe-
ster der Gemahlin des Kaisers zur Ehe.

äußern Glanz erhielten. Conrads Nachkommen zeigten sich des hohen Rangs würdig, den er begründet hatte.. Verdienste waren die Grundfeste, worauf in der Folge der Obelisk des Brandenburgischen Hauses und seines Ruhms erbaut wurde. Viele der Burggrafen zeichneten sich durch Vorzüge des Geistes und Herzens eben so sehr als durch den Ruhm ihrer Thaten aus, und es ist merkwürdig, daß der Geist, der einen Friedrich den Einzigen zur Unsterblichkeit leitete, und einen Friedrich Wilhelm mit Vaterliebe zu seinem Volke beseelt, schon häufig in den Thaten ihrer Anherrn sichtbar war.

Conrad der Zweite, Enkel Conrads des Ersten hatte sich durch die Wissenschaften so sehr gebildet, daß er manchem Regenten unserer Zeit zum Beispiel dienen könnte. Seine Menschenkenntniß und Vertraulichkeit mit fremden Sprachen, seine wissenschaftliche Bildung und sein männlicher Charakter erwarben ihm so sehr die Hochachtung des Kaisers Friedrichs des Zweiten daß dieser ihm zu seinem geheimen Rath, zum

Ober-

Oberhofmeiſter ſeiner Prinzen und zum Ober-
ſtatthalter von Oeſtereich ernannte. Er war
dem Kaiſer was Varus dem Auguſtus war *).

Friedrich der Dritte wandelte ganz in den
Fußtapfen ſeiner glorreichen Vorgänger. Mit
dem Kaiſer Conrad den Vierten war er nicht
blos durch die Bande des Bluts, ſondern
durch die noch angenehmeren der vertrauten
Freundſchaft verbunden. Ihm gebiert der
Ruhm, in der langen zwiſchenregierung, wodurch das teutſche Reich nach dem Tode Frie-
richs des Zweiten, drei und zwanzig Jahre
heimgeſucht wurde, der Wiederherſteller der
Ruhe, und der Beförderer Rudolphs des Erſten zur Kaiſerwürde zu ſeyn. Rudolph ver-
galt ihm dieſes dadurch, daß er ihm die Reichs-
fürſtliche Hoheit über das Burggrafthum Nürnberg mit allen dazu gehörigen Gerechtſamen
feierlich beſtätigte und das Kaiſerliche Land-
gericht

*) Auguſtus beklagte den Verluſt dieſes unglückli-
chen Helden auch deswegen, weil er in ihm den
einzigen Freund verlobren habe, der ihm die
Wahrheit ſagte! —

gericht dafelbft feiner und feiner Nachkommen
unbefchränkten Obergewalt unterwarf. Diefe
Beftätigung hat der Kaifer Karl der Vierte
dem Burggrafen Friedrich dem Fünften von
neuen feierlich zugefichert *).

Hier haben Sie den Urfprung der groffen Gerechtfame die dem Könige von Preußen
in Nürnberg und im Nürnberger Gebiete zu-
ftehn. Man hat fich von Seiten diefer freien
Reichsftadt bemüht, die Reichsfürftliche Hoheit der Burggrafen und die daraus entfprin-
gende Rechte zweifelhaft zu machen; aber wie
es überhaupt mit den Zweifeln geht, wenn
fie wider die Wahrheit ankämpfen, fo ift es
auch hier gegangen; jedermann ift dadurch
defto lebhafter von der Unumftößlichkeit jener
Vorrechte überzeugt worden. Sollte Friedrich Wilhelm feine Rechte als Burggraf von
Nürnberg ohne Befchränkung in Kraft zu fe-
tzen fuchen, fo würden die Nürnberger eine
Veränderung erleben, die nichts geringeres,
als

---

*) Die Urkundlichen Beweife fiehe im Anhange.

als die völlige Hoheit über die Stadt zur
Folge haben müßte. Der Menschenfreund,
der mit dem Druck bekannt ist, worunter die
Bürger dieser freien Reichsstadt seufzen, würde sich freuen müssen, wenn Nürnberg unter
den Flügeln des Preußischen Adlers ihre oft-
erschütterte Ruhe gesichert, ihren Handel empor gebracht, den Nahrungsfleiß und die Be-
triebsamkeit mehr begünstigt und das Chaos
von Gesetzen den Bedürfnißen seiner Bewoh-
ner und dem Zeitalter gemäß durch den Geist
der Weisheit und der Menschenrechte neube-
lebt sähe. Ob Bairen alsdann iemals wieder in die unrühmliche Versuchung kommen
würde, die Scenen iener Befehdungen aus den
Zeiten des Faustrechts wieder die Stadt zu
erneuren, glaube ich bei allen Vertrauen welches sein Verfahren gegen Nürnberg einflößt,
mit Recht bezweifeln zu müssen. Der Geist
hat seine Gewohnheiten, wie der Körper, und
es giebt Köpfe die so sehr zum Streit wider
die heiligen Rechte der Vernunft und Wahrheit gewöhnt sind, daß die Ueberzeugung in
Dingen, die ihrem Interesse zuwider sind, ihre

re Sache nicht ist. Bei diesen würde selbst
eine göttliche Offenbarung das nicht wirken,
was der Ausspruch eines Königs an der Spitze von zweimal hundert tausend Mann leicht
erreichen kann! — Ich kann hier die Ver-
wunderung nicht unterdrücken, wie es möglich
ist, in unsern Tagen, mit der Gerechtigkeit
zu spielen. Diejenigen, die für die Stimme
des Rechts kein Ohr, und für Menschenwohl
und den Segen des Friedens kein Herz haben, sollten sich wenigstens durch die Betrachtung von öffentlichen Unrecht abhalten lassen,
daß die Klugheit iede Kränkung eines frem-
ben Eigenthums widerrathen muß. Der Geist
der Zügellosigkeit, der Unordnung und der Ge-
setzverachtung, ist, dünkt mich, in unsern Tagen schon zu wirksam, als daß die Regenten
sonderlich Ursache haben könnten, ihn erst
durch öffentliche Beispiele ihren Unterthanen
einzuflößen. Aber hier haben Sie einen
neuen Beleg zu der Wahrheit, deren Beweise
Sie so oft in dem Laufe der Weltbegebenhei-
ten werden gefunden haben, daß der Mensch
häufig gerade dann am unweisesten handelt,

wenn

wenn sein höchstes Interesse die größte Weisheit nöthig macht, und wenn wohl gar die
Verletzung der Pflicht schon mit der Strafe
von Ferne droht. Doch ich fürchte Sie zu
lange mit Betrachtungen zu unterhalten, die
eh im Stande sind, die Seele zu verfin-
stern, als zu erheitern, und eile daher Ihrem
Anschauen einen reizendern Gegenstand vorzulegen. Ein Zug schreiender Ungerechtigkeit,
der das Gemählde des achtzehnden Jahrhunderts einst nicht verschönern wird, hat ihr
Auge beleidigt, erhohlen Sie sich dafür an
dem Anblick der rühmlichen Züge, welche in
der Geschichte der folgenden Burggrafen von
Nürnberg so oft das Auge anlocken. Mit
edler Uneigennützigkeit erkämpfte Friedrich der
Vierte, an der Seite des tapfern Schwepper-
manns, Ludwig dem Baier wider seinen Ne-
benbuhler, Friedrich von Oestreich, in der
entscheidenden Schlacht bei Mühldorf die Kaiserkrone *). Aus Dankbarkeit schenkte Ludwig dem Burggrafen alle Oestreichische Ge-
fangene, worunter viele Männer von hohen
Rang

*) Im Jahr 1322.

Rang und Adel waren, die er mit wahrer
Heldengröſſe behandelte. Er gab ihnen voll-
kommene Freiheit, und ſie erkannten mit fro-
her und dankbarer Ergebung ihren Lehnsherrn
in ihm. Seine Regierung zeichnete ſich durch
eine kluge Staatsökonomie, durch Ordnung
und Thätigkeit in den Geſchäften aus. Ueber-
haupt waren dieſe Tugenden bei den Burggrafen nicht ſelten, dadurch wurde es ihnen
möglich, ihre Beſitzungen auch durch Ankauf
zu vermehren. Friedrich war der erſte, der
durch den Entwurf eines Saalbuchs *) die
öffent-

*) Dieſe Saalbücher, die auch Lagerbücher,
Grundbücher, Flurbücher, Zinsbücher
genannt werden, enthielten ein genaues Ver-
zeichniß aller angeſeſſenen Unterthanen und Lehns-
leute, aller Grundſtücke, Gärten, Ländereien,
Häuſer, Wieſen, Waldungen ꝛc. eines Gebiets.
Ihre Lage, Grenzen und Morgenzahl waren in
denſelben beſtimmt und die Abgaben feſtgeſetzt,
die davon entrichtet werden mußten. Der Name Saalbücher kommt von einem alten Worte her, das vorzüglich im Lateiniſchen üblig war.
Ein iedes Haus, ein ieder Hof hieß Sala (Saala).
Es iſt bekannt daß Teutſchland in gewiſſe Gauen
ein-

D

öffentlichen Grundsteuern berechnen ließ. Seine Emsigkeit in der Regierung des Landes war so groß, daß er den Ruhm auch als Regent behauptete, den er sich als Held im Kriege erworben hatte.

Friedrich den Fünften nenne ich Ihnen vorzüglich deswegen, weil er das nämliche that, wodurch Ihnen Ihr gewesener Markgraf zum Räthsel wurde. Wiewohl er sich der Regierung gewissenhaft annahm und nicht wenig zur Erweiterung und Verbesserung seiner Länder beitrug, so schien sein Herz doch mehr

eingetheilt war, wozu eine Anzahl von Höfen gehörte. Der Hof, wo der Gaugraf wohnte, hieß vorzugsweise Sala, Saala. Hier wurde zugleich Gericht gehalten, daher Saala auch einen Gerichtshof bedeutete. Ein solcher war der Saal zu Ladenburg. Demnach war Saalbuch ein Buch, worin alle zinsbare Grundstücke und ihre Abgaben an den Hof, an die Saala, verzeichnet waren. Die Salischen Gesetze haben wahrscheinlich eben daher ihre Benennung erhalten. Sie waren die Gesetze, wornach der Hof entschied, und in welchen über das Recht, in der Saala oder in der Regierung zu folgen, Auskunft gegeben wird.

mehr für die Bestimmung eines thätigen und
durch Freundschaft gewürzten Privatlebens
als für das glänzende Loos des Throns geschaffen zu seyn.   Geliebt als Vater seines
Volks legte er zwei Jahre vor seinem Tode
die Regierung nieder, um in Plaßenburg sein
Leben in Ruhe zu beschliessen. Unter seiner Regierung erlaubte sich der Nürnberger Magistrat
einige wiederhohlte Beeinträchtigungen der
Burggräflichen Gerechtsame, wofür man ihm
eine Lection aus dem Staatsrechte laaß, die er
mit fünftausend Gulden bezahlen mußte.   Da
begrif er für eine geraume Zeit, zum Wohlge-
fallen der Burggrafen, was Rechtens wäre! —

Ich habe Ihnen schon oben der ehrenvol-
len Bestätigung erwähnt, welche Friedrich der
Fünfte in allen oberherrlichen Rechten des
Burggrafthums vom Kaiser Karl dem Vierten erhielt.   Ich füge hier nur noch hinzu,
daß diese Vergünstigung nicht blos mit einhel-
liger Zufriedenheit der gesammten Fürsten und
Churfürsten geschah', sondern sich auch auf alle
Regalien und Vorrechte erstreckte, welche jene

bis dahin allein in ihren Ländern genoſſen
hatten *).

Friedrichs des Fünften Sohn und Nachfolger, Friedrich der Sechſte iſt ohnſtreitig der
merkwürdigſte unter den Burggrafen der damaligen Zeit. Er eröfnet mit dem funfzehnten
Jahrhundert eine neue Epoche in der Brandenburgiſchen Geſchichte. Er hatte eine Erziehung erhalten, wie die Natur ſie vorſchreibt.
So trug er in einem unverwahrloſten Körper
ein geſundes Herz und ſein Verſtand war
durch Sprachen und Wiſſenſchaften gebildet.
Ausgebreitete Kenntniß der Welt und ein
ſcharfer Blik in die Geſchäfte des Staats
weihten ihn zum Regenten. Klugheit und
Tapferkeit wandelten ihm beſtändig zur Seite,
und eine planvolle weiſe Wirthſchaftlichkeit ſetz-
te ihn in den Stand, anſehnliche Summen zu
erſparen. Dadurch wird es begreiflich, wie
er dem Kaiſer Sigismund, den er zugleich
durch andere wichtige Dienſte verpflichtet hatte, eine Summe von 400,000 Dukaten vor-
schieſ-

*) Siehe den Anhang.

schiessen konnte. Der Kaiser, vom Geldman-
gel gedrückt, trat ihm dafür, zugleich aus Antrieben der Werthschätzung und Dankbarkeit,
die Mittel- und Altmark Brandenburg mit
völliger Hoheit auf immer ab, und ertheilte
ihm im Jahr 1417 den 18ten April, unter den
ehrenvollsten Feierlichkeiten, öffentlich auf
dem Markte zu Costniz die Belehnung als
Churfürst, Erzkämmerer und Markgraf von
Brandenburg *). Nach ihm haben die Burggrafen von Nürnberg alle den Titel der Markgrafen geführt. Friedrich der Sechste gab der
Furie des wilden Faustrechts den letzten töd-
lichen Stoß, lehrte, mit dem Degen in der
Hand, den rebellischen Adel Gehorsam und
beförderte durch Rath und That die Erlösung
des menschlichen Geschlechts von den Banden
der Hierarchie. Es ist ein sprechender Zug
seines feinen Ehrgefühls und seiner ächten
Geistesgrösse, daß er die Kaiserkrone, die man
dem verschrienen Wenzel genommen hatte, und
ihm antrug, nicht annahm. Die Geschichte
der Mark Brandenburg nennt ihn Friedrich
den

D 3

*) Siehe den Lehnsbrief im Anhange.

den Erſten, ſo wie ein ſolcher Regent der Ehre vollkommen würdig iſt, der erſte Churfürſt
aus einem ſo berühmten Hauſe zu ſeyn. Er
hatte das Unglück, zwei koſtſpielige Kriege
theils zur Erhaltung der Fränkiſchen Länder,
theils zur Vertheidigung der Mark führen zu
müſſen. Dieſer Umſtand und einige koſtbare
Reiſen ſcheinen ihn beſtimmt zu haben, die
Burg Nürnberg, die durch die Verwüſtungen
eines Brandes unbewohnbar geworden war,
nebſt einigen Dörfern und Mühlen, die beiden Wälder St. Sebald und Sebaſtian u. ſ. w.
der Stadt für 240,000 Gulden, doch mit
Vorbehaltung aller Oberherrlichen Gerechtſa-
me zu verkaufen *). Im Jahr 1437 errichtete

*) Nürnberg hat ſich bei mehrern Gelegenheiten
auf dieſen Kauf berufen um dadurch die den
Burggrafen zuſtehende Hoheit über die Stadt
nebſt den damit verbundenen Gerechtſamen ſtrei-
tig zu machen. Aber es heißt ausdrücklich in dem
von Friedrich dem Sechſten ausgeſtellten Kauf-
briefe der in Paulis Geſchichte von Preuſen
Theil III. S. 117. ganz nachgeleſen werden kann:
„Doch in dieſem Kauf nehmen Wir aus und be-
„halten uns, unſer Herſchafft, unſern Erben und
„Nach-

tete er das merkwürdige Testament, vermöge
deffen ihm sein zweiter Prinz Friedrich in der
Churwürde und der Mark Brandenburg, der
jüngste, Friedrich der Dicke in der Altmark
und Priegnitz, und Albrecht Achilles und Johann der Alchymist in den Ländern des Burggrafthums Nürnberg folgten. Da haben Sie
den Ursprung der doppelten Linie des Brandenburgischen Hauses, und in dem Testamente
selbst sehn Sie deffelben Grundgesetz, wodurch
die Thronfolge genau bestimmt und derienigen
Linie, welche die andre überlebt, das Recht
der unbeschränkten Erbfolge in den Ländern
der Ausgestorbenen zuerkannt wird *). Dieser Erbvertrag erhielt im Jahr 1473 durch die
letzte Willenserklärung des Burggrafen Al-

D 4   brecht

„Nachkommen des Burggrafthumbs, unsere Lehen,
„geistlich und weltlich, das Landgerichte des Burg-
„grafthumbs, zu Nüremberg, unser Wildpan, un-
„ser Gelaite, außwendig der Stadt Nüremberg
„und anderer unffers Burggrafthumbs Herrlichkeit,
„Recht und Güttern, die unffer Vordern und
„Wir In (ihm) in dieffem und andern Briefen und
„Kauffen nicht verkauft und übergeben haben ꝛc.

*) Siehe Anhang.

brecht Achilles eine nähre Bestimmung und
neue Bestätigung, und der Markgraf Georg
Friedrich errichtete mit dem Churfürsten Joachim Friedrich auf den Grundsätzen desselben im Jahr 1598 den merkwürdigen Vertrag
zu Gera *). Die doppelte Bestätigung dieses
Grundgesetzes des Brandenburgischen Hauses
durch den Kaiser Friedrich den Dritten **),
wurde in dem Friedensschluß vom 13ten Mai
des Jahrs 1779 zu Teschen ***) zum letzten-
male erneuert, und vermöge dieser Bestätigung
das Recht der Erbfolge in den Fürstenthümern
Anspach und Baireuth Friedrich dem Einzigen
feierlich zugesichert †). Doch Freund, wir
haben

*) Siehe Anhang.

**) Im Jahr 1453 und 1473 siehe Anhag.

***) Siehe Anhang.

†) Wem's fromt, eine ausführliche Geschichte der
Erbfolgsrechte Friedrich Wilhelms in den Fürstenthümern Anspach und Baireuth zu lesen, findet solche in dem zu Berlin 1718 herausgekom-
menen: In Iure et facto gegründete Facti Species,
daß Sr. Königl. Majest. von Preußen Succes-
sionsrecht, an den Markgrafthümern in Franken
unumstößlich sey 2c. und in der wahren Vorstel-
lung der Erbfolgordnung in dem Burggrafthume
Nürnberg Berlin 1778.

haben uns hier allmählig in sehr trockne und sandigte Gegenden verirret. Lassen Sie uns einige Schritte zurück thun um einen angenehmern Weg zu finden, der uns zu den schönen Aussichten führt, die wir suchen.

Dritter Brief.

Fortsetzung und Beschluß der Bemerkungen aus der Geschichte der Burggrafen von Nürnberg.

Woher der Mangel an Vaterland'sliebe kommt, den man in unsern Zeiten so häufig wahrnimmt? Die Frage, liebster Freund, liegt gegenwärtig zu weit außerhalb den Grenzen meines Zwecks, um ihr das Nachdenken widmen zu können, was zu ihrer Beantwortung erfordert würde. Erlauben Sie mir daher nur eine Bemerkung, die mit dem Gegenstande unserer Unterhaltung vielleicht näher zusammen hängt wie es beim ersten Anblick

D 5

schei-

scheinen möchte. Sollte nicht eine Haupt-
quelle ienes entehrenden Mangels in der Vernachläßigung liegen, welche die vaterländische
Geschichte im Allgemeinen und vorzüglich bei
der Bildung der Jugend erfährt? Die Blüte
des Gefühls und der Empfänglichkeit fürs
Gute wird gewöhnlich Gegenständen geopfert
die wenig Verbindung haben mit dem Lande,
welchem der Mensch sein Daseyn verdankt! —
Kann man auch etwas lieben, das man nicht
kennt? Es ist eine sonderbare Verirrung des
Menschen, sich mit dem am ersten und sorg-
fältigsten bekannt zu machen, was ihm am
fernsten liegt! Ist es etwa nöthig die iunge
Seele nach Rom und Athen zu führen, um
sie zu lehren was schön und edel ist? Würden Sie sich wohl getrauen, in der ganzen
Geschichte der Menschheit einen einzigen Zug
von Tugend, von rühmlichen Eigenschaften,
von vortreflicher Denkungsart, von That-
kraft und Geistesgrösse aufzufinden, dem man
keinen ähnlichen Zug aus der weit umfassen-
den Geschichte unseres teutschen Vaterlandes
entgegen stellen könnte? Wundern sie sich
nicht

nicht über diese sonderbare Frage? Sie kommt
zum Theil aus Interesse. Wenn es mir glü-
cken sollte, Ihr lebhaftes Gefühl der Liebe
für unser gemeinschaftliches allgemeines Vaterland auf einige Augenblicke in Bewegung
zu setzen, so würden Sie vielleicht auch die
geringen Bemerkungen weniger verschmähen,
die ich Ihnen noch aus der Geschichte Ihres
besondern Vaterlandes gerne vorlegen möchte.
Hier sind sie: Wenn sie kein and'res Verdienst
haben, so werden sie Ihrem Herzen wenigstens Gelegenheit geben können, einen Beweiß
seiner Billigkeit und Schonung abzulegen.
Albrecht Achilles, der nach dem frühen Tode
seines Bruders Alleinherr der beiden Fürstenthümer Anspach und Baireuth wurde, beginnt
die ältere Linie des Brandenburgischen Hauses
in Franken. Der Beiname den man ihm gegeben hat, vereinigt die Hauptzüge seines Charakters. Die frühern Geschichtschreiber können
seine Leibesstärke und Beherztheit nicht genug
rühmen. Eben so erheben sie seine Klugheit
und Schlauigkeit. Er war das Schrecken der
Ritter bei den Turniren. Die Stadt Nürnberg,

berg, die ihn zum Kriege reizte und für die Kosten desselben mit 80,000 Gulden entschädigen mußte, erfuhr die Beweise seiner gefürchteten Tapferkeit. Seine Verachtung der Gefahr, belebt durch den Ritterlichen Stolz, der erste an Muth zu heissen, stieg oft bis zur Tollkühnheit. Ein zweiter Alexander sprang er bei der Belagerung des Städtchens Gräfenberg, das mit 500 Mann besetzt war, die Mauer hinab unter die Feinde, und wehrte sich mit Löwengrimm bis seine Truppen die Thore sprengten und ihm zu Hülfe kamen. Seine Söhne Sigismund und Friedrich theilten sich nach seinem im Jahr 1486 erfolgten Tode in die hinterlassenen Fürstenthümer. Sigismund folgte aber seinen Vater 9 Jahr darauf im Grabe, und hinterließ seinem Bruder die Obergebürgischen Länder. Friedrich angesteckt von der schwärmerischen Frömmelei der damaligen Zeit schien nicht für die Regierung geschaffen zu seyn. Er übergab dieselbe 1515, in einem Alter von fünf und funfzig Jahren, seinen beiden Prinzen Casimir und Georg, und lebte mit einer iährlichen Pension von

von 600 Gulden 20 Jahre, als Privatmann
zu Plaßenburg. Georg mit dem Zunamen
der Fromme sorgte mit Klugheit und Eifer
für die Verbesserung seiner Länder. Sein
Geist, durch Wissenschaften genährt, setzte ihn
in den Stand wichtigen Antheil an der damaligen Kirchen- und Religionsverbesserung
zu nehmen. Luthers Name war ihm so ehrwürdig, daß er eine Reise blos in der Absicht
nach Wittenberg unternahm, um den großen
Vertheidiger der Wahrheit von Person kennen
zu lernen. Der Religionsconvent 1528 zu
Schwabach war allein sein Werk. Auf dem
berühmten Reichstage zu Augsburg im Jahr
1530 war er Redner der Protestanten und
nachdrücklicher Vertheidiger ihrer Lehre. Wie
man diese am Frohnleichnamsfeste nöthigen
wollte, dem feierlichen Umgange der Römisch-
katolischen beizuwohnen, erklärte er, daß er
lieber sein Haupt dem Schwerdtstreiche des
Henkers darbieten, als Gott und die Lehre
verläugnen wollte, die er bekannte. Eine
der Lieblingsmaximen, die sein Betragen gegen seine Unterthanen bestimmte war: Daß
es

es rühmlicher sey, über reiche und
wohlhabende Unterthanen zu her-
schen, als über verarmte und Bet-
ler. Seine Thätigkeit im Guten erkaltete
nur im Grabe, das ihn im Jahr 1543 empfing. Mit seinem Sohne erlosch die ältere
Linie des Brandenburgischen Hauses in Fran-
ten, nachdem sie hundert und drei und sech-
zig Jahre über die beiden Fürstenthümer ge-
herrscht hatte. Georg Friedrich errichtete mit
dem Churfürsten Joachim Friedrich den er-
wähnten Geraer Vertrag, vermöge dessen alle
Märkische Länder ohne Unterschied und unge-
theilt bei der Churwürde bleiben, in den Frän-
kischen Fürstenthümern nie mehr als zwei
Herrn regieren und, wenn diese ohne Erben
stürben, die Brüder des Churfürsten, ihre
Descendenten, oder nächste Agnaten ihnen in
der Regierung folgen sollen.

Der Todt des Markgrafen Georg Friedrichs vereinigte die beiden Fürstenthümer in
Franken mit dem Churhause Brandenburg.
Die Brüder des Churfürsten Joachim Friedrichs

richs wurden, vermöge ienes Hausvertrags die
Stammväter der iüngern Markgräflichen Li-
nien. Joachim Ernst erhielt das Fürstenthum Anspach, und Christian das Fürstenthum
Baireuth. Beide hatten eine sorgfältige Erziehung genossen, beide waren Prinzen von
nicht geringen Talenten, ohnerachtet Christian
seinen Bruder noch übertraf. Beide waren
viel gereißt, hatten Frankreich, England, Ita-
lien, Dännemark und die Niederlande gesehen,
und sich unter einer weisen Führung schätzbare
Kenntnisse erworben. Ihre Begriffe von dem
wahren Werthe der Dinge, von der Denkungsart, den Verhältnissen und Handlungen der Menschen und von den verschiedenen Regierungsfor-
men worunter sie leben, waren dadurch berichtigt
worden. Bekannt mit den mancherlei Sitten,
Charakteren, Künsten und Gewerben anderer
Nationen waren sie im Stande, in der Folge
manche Verbesserung und neue Einrichtung in
ihren eig'nen Ländern zu treffen. Der vor-
nehmste Zweck ihrer Reisen war, sich für den
hohen Beruf zu bilden, den ihnen die Geburt ertheilt hatte. Sie sehn daraus, Freund,

daß

daß damals die pedantische Sitte noch herrschte, zu reisen, um vollkomner und besser zu
werden. Unser iunger Abel ist hierin weiter
und zum wenigsten dem größten Theil nach
schon längst von einem solchen Misbrauch der
besten Lebensiahre zurück gekommen. Schnell
zu leben ist sein Zweck. Er geht daher auf
Reisen, nicht um zu lernen, dafür bewahre
ihn sein guter Genius, sondern um zu genies-
sen und sich in der edelsten aller schönen Künste zu üben, mit Anstand unverschämt zu seyn!
Doch verzeihen Sie, Freund, Sie scheinen
mir selbst dem Vorurtheile noch ein wenig ergeben zu seyn, daß man blos reisen sollte,
um seine äußere und innere Bildung zu vol-
lenden, weiser und brauchbarer für die Welt
zu werden, und fürchten sich wahrscheinlich,
daß Ihr Sohn Sie bald durch eine grössere
Aufklärung in diesem Punkt beschämen möchte,
was könnte sie sonst bei dem grossen Vermögen, womit Sie das Glück beschenkt hat, und
bei Ihrer Freigebigkeit bisher abgehalten haben, Ihrem einzigen Sohne den Wanderstab
in die Hand, und einen vollen Beutel mit

auf

auf den Weg zu geben! Um daher durch dergleichen Bemerkungen nicht in den Verdacht zu gerathen, als wollte ich Ihnen Ihre Schwachheit vorrücken, so breche ich diesen Gegenstand ab, und sage Ihnen dafür, daß die beiden Prinzen, Joachim Ernst und Christian mit grossen Bereicherungen des Herzens und Verstandes von ihren Reisen zurück kamen. Beide würden ihre Länder glücklich gemacht haben, wenn die Vorsehung sie zu einer andern Zeit auf den Thron gesetzt hätte. Der dreißigjährige Krieg wüthete damals mit blutgieriger Grausamkeit in den Eingeweiden unsers teutschen Vaterlandes, und schwang seine zerfleischende Geißel auch über die Fürstenthümer Anspach und Baireuth. Sobald Teutschlands grosser Beschützer, Gustav Adolph sein Lager bei Schwabach aufhob, verheerten die Feinde wie ein Strom, der das Ufer durchbrochen hat, beide Fürstenthümer. Der Markgraf Christian war sogar genöthigt seine Länder zu verlassen und seine Sicherheit anfänglich in Dresden und zuletzt in Berlin zu suchen. Die größte Sorgfalt und der wärmste

E   Eifer

Eifer reichten nicht hin, die Spuren der
Verwüstungen zu vertilgen. Der Markgraf
Christian verwandte ansehnliche Summen auf
die Entschädigung seiner Unterthanen, aber die
Folgen der Kriegsverwüstungen waren noch
lange unter seinen Nachfolgern sichtbar. Die
beiden Fürstlichen Brüder hätten übrigens
durch nichts besser beweisen können, wie würdig sie des Thrones waren, als durch die unermüdeten Bestrebungen, woburch sie in diesen
unruhigen Zeiten ihrer Länder Wohl zu befördern suchten. Joachim Ernst traf mehrere
weise Verfügungen in der Landesregierung,
mitten unter den Stürmen, die seine Länder
trafen oder bedrohten. Beide waren Freunde und selbst Kenner der Wissenschaften, daher sie auch diejenigen zu schätzen wußten, die
in denselben was geleistet hatten. Simon
Marius *), ein berühmter Mathematiker der
damaligen Zeit, genoß an dem Hof des Mark-
gra-

*) Er entdeckte im Jahr 1609 zuerst vier Traban-
ten des Jupiters, welche man zu Ehren des
Brandenburgischen Hauses Sidera Brandenburgica
(die Brandenburgischen Gestirne) nannte.

grafen Joachim Ernst die größte Achtung und
Ehre. Mitten unter den Bemühungen fürs
Wohl seines Landes überraschte den guten Regenten der Todt. Der Prinz Albrecht erbte auf
diese Art in seinem 5ten Jahre unter der Vormundschaft seiner Mutter und seiner Onkles, des
Markgrafen Christians, und des Grafen Friedrich von Solms die Länder seines zu früh verstorbenen Vaters. So wie er volljährig ward
und die Regierung übernahm, gewann er
durch sein unbescholtenes Leben nicht weniger, als durch seine herzliche Sorgfalt fürs
Beste seines Landes, aller seiner Unterthanen
Liebe und Verehrung. Unter seiner Regierung hat Anspach viel von dem Kaiserlichen
General Tilli gelitten. Albrecht wandte alles
an, sein Land wieder empor zu bringen, die
eingerissene Unordnung abzustellen, den Handel und die Gewerbe von neuen zu beleben,
den Nahrungsfleiß, den Ackerbau und die
Viehzucht zu befördern; und glückte es ihm
nicht, das vielfältige Elend durch blühenden
Wohlstand zu verdrängen, so hatte er doch
wenigstnns die Genugthuung, überall Erleich-

E 2   terung,

terung, Hofnung Muth und Zufriedenheit zu
verbreiten. Den Landmann verband er sich
vorzüglich durch die Verordnung daß man das
Wild überall, wo es sich übermäßig vermehrt
hätte, wegschießen sollte. Das alles sind
Züge eines guten Regenten, den auch seine
Unterthanen in dem Verluste betrau'rten, den
ihnen sein Todt im Jahre 1667 zufügte.

Es ist die schönste Lobrede für seinen Sohn
und Nachfolger, Johann Fridrich, daß der
Geist seines Vaters auf ihn ruhte. Alle Zeugnisse stimmen darin überein, daß bei ihm eine
schöne Seele in einem schönen Körper gewohnt
habe. Es vereinigten sich in seiner Person
Vorzüge, die man selten zusammen findet. Er
verband mit einem glücklichen Gedächtnisse einen fähigen Verstand, und faßte alles mit
grosser Leichtigkeit. Ritterliche Uebungen bil-
deten seinen Körper, und Fleiß in Erwerbung
nöthiger Kenntnisse seinen Geist. Man mag
seine Handlungen betrachten oder die Urtheile
lesen, welche die Geschichtschreiber von ihm
fällen, so glaubt man immer das Gemählde
zu

zu erblicken, das Sveton von dem Titus Flavius Vespasianus entwirft *). Unter der Vormundschaft des grossen Churfürsten Friedrich Wilhelms reifte er zur Regierung, die er im Jahr 1672 antrat. Sein männlicher Charakter war vorzüglich in der edlen Standhaftigkeit sichtbar, womit er die kleinste Zusage und Versprechung hielt. Sein gegebenes Wort war ihm so verpflichtend und heilig als eine eigenhändige Verschreibung. Als Freund der Wissenschaften wandte er die Stunden der Muße zum Lesen guter Bücher an, übersetzte häufig aus fremden Sprachen ins Teutsche, und schrieb

E 3   einen

---

*) In puero statim corporis animique dotes exsplenduerunt, magis ac magis deinceps per aetatis gradus. Forma egregia, et cui non minus auctoritatis ineffet quam gratiae; memoria singularis, docilitas ad omnes fere tum belli tum pacis artes. Suetonii vita Titi Vespasiani c. III. —

Schon als Knabe zeichnete er sich aus durch glänzende Vorzüge des Körpers und Geistes, die sich mit den zunehmenden Jahren immer mehr entwickelten. Er hatte eine schöne Gestallt, voll Ausdruck der Würde und Anmuth, ein glückliches Gedächtniß und Fähigkeit beinahe zu allen Künsten des Kriegs so wohl, als des Friedens.

einen Ritterroman, der Glückselig-Leibeigene,
unter dem angenommenen Namen, Iſidorus Fi-
delis. Die unglücklichen Flüchtlinge der Refor-
mirten Kirche aus Frankreich, fanden an ihm einen Beſchützer und Wohlthäter; er an ihnen gute, ſtille und Arbeitſame Unterthanen. Er würde ihnen noch mehr geworden ſeyn, wenn der
geiſtliche Pöbel keine Mittel gefunden hätte, den
Fürſtlichen Plan, ihnen einen Platz bei ſeiner
Reſidenzſtadt zum anbauen zu übergeben, durch
fromme Nichtswürdigkeit zu hintertreiben. Er
ſtarb in der ſchönſten Blüte ſeines Lebens,
noch ehe er ſein zwei und breißigſtes Jahr
vollendet hatte, an den Kinderblattern, die
man damals noch nicht inoculirte! — Sein
Sohn, Georg Friedrich, war, ohne die Bildung des Geiſtes vernachläßigt zu haben,
doch vorzüglich durch die Natur zu Heldentha-
ten berufen. Er focht im Kriege der Spa-
niſchen Erbfolge unter dem groſſen Prinzen
Eugen an der Spitze der Kavallerie, und eine
Kugel endigte, auf dem Schlachtfelde bei
Schmidmühlen in der Pfalz, ſein rühmliches
Leben.

Sein

Sein jüngſter Bruder und Nachfolger,
Wilhelm Friedrich war einer der gröſten und
verdienſtvolleſten Regenten der iüngern An-
ſpachiſchen Linie. Er beſaß die genaueſte
Kenntniß ſeines Landes und hatte den ſelte-
nen Scharfblick, der den Menſchenkenner
macht, in den Zuſammenhang des Groſſen und
Wichtigen mit dem Kleinen und Unwichtigen
bringt, das Ganze richtig überſchaut, und an
vielſeitigen Gegenſtänden immer die rechte
Seite entdeckt. Er kannte alle Räder der
Staatsmaſchiene, und war ganz der Mann,
ihre Bewegungen harmoniſch zu leiten und
Stockungen zu verhüten. Kenntniß der Sache gab ihm Schnelligkeit des Entſchluſſes,
und feſten Sinn in der Ausführung. T h u e
r e c h t, u n d ſ c h e u e n i e m a n d, war ſein
Wahlſpruch. Keiner hat mehr für die Wiſſenſchaften *), mehr für die Verbreitung und Er-

E 4 leich-

*) Er legte die Bibliothek an, die auf dem Schloſſe
zu Anſpach ſteht, und, wie man mit Gewißheit
behauptet, nach Erlangen kommen ſoll, um die
daſige Univerſitätsbibliothek zu vermehren. Das
Anſpacher Münzkabinet ſoll ebenfalls, wie man
ſagt,

leichterung der Landeskenntniß gethan als
er *). Oft überstieg seine Thätigkeit seine
Kräfte. Seinen warmen Eifer für den Wohlstand seiner Unterthanen bewieß er besonders
nach der dreimaligen Feuersbrunst, wodurch Anspach unter seiner Regierung litt **). Er
hat seine Unterthanen nur einmal, das ist,
durch seinen frühen Todt betrübt. Im 38ten
Jahr seines Lebens hinterließ er seinem un-
mündigen Sohn das Fürstenthum Anspach ***).

Karl

sagt, nach Erlangen kommen, wodurch die Univerſität daſelbſt einen Vorzug vor allen, ſelbſt
ihren ſtolzeſten Schweſtern, erhalten würde.

*) Siehe Fiſchers ſtatiſtiſche und topographiſche
Beſchreibung ꝛc. Theil I. Seite 67.

**) In den Jahren 1710. 1711. 1719.

***) Neukirch ſagt, wiewohl nicht ſonderlich rich-
tig und ſchön, welches überhaupt ſeine Stärke
eben nicht war, doch nachdrücklich von ihm:

Feſt in der Freundſchaft ſeyn, war unſers Fürſten Ruhm,

Mehr halten als er ſprach, ſein größtes Eigen-
thum;

Es werden hundert Jahr, und hundert noch
verſchwinden,

Eh' Redlichkeit und Treu wird ſolche Freunde
finden.

Karl Wilhelm Friedrich stand während seiner
Münderiährigkeit unter der weisen Vormundschaft seiner vortreflichen Mutter, Christiane
Charlotte. Sie war eine Würtenbergische
Prinzeßin und eine wahre Zierde ihres Geschlechts. Ein Herz das warm und stark für
die Tugend schlug, bei einem sehr gebildeten
Verstande, fromme Sanftheit und Anmuth
des Charakters, verdienten ihr die zärtlichste
Hochachtung ihres fürstlichen Gemahls. Sie
gaben beide ihren Unterthanen ein Beispiel
glücklicher Ehe auf dem Throne, und trugen
gewiß nicht wenig zur moralischen Veredlung
ihrer Unterthanen bei, weil sie selbst ein edles
Leben führten. Wirthschaftlichkeit und weise
Sparsamkeit waren zwei der schönsten Vorzüge dieser allverehrten Fürstin. Beseelt von
dem lebendigsten Triebe, Gutes zu thun, bewieß sie nicht blos Armen und Nothleidenden
ihre Wohlthätigkeit und Milde, sondern sie
hatte babei auch durch eine lange Ersparung
ihres eigenen Patrimonialvermögens eine Summe von 100,000 Reichsthalern erübrigt, die
sie im Jahr 1726 unter der Garantie des

E 5   Kai-

Kaisers, Karls des Sechsten, zur Errichtung
einer Landesuniverſität niedergelegt hat *).
Es befremdet allerdings, wie dieſes einzige Vermächtniß in ſeiner Art ſo lange hat können
unerfüllt bleiben. Der akademiſche Senat
zu Erlang ſoll durch den rechtſchafnen, ver-
dienſtvollen und gewiſſenhaften Miniſter von
Hardenberg bei ihrem Könige deshalb einge-
kommen ſeyn, und es iſt von der Güte und
Gerechtigkeit Friedrich Wilhelms nichts anders
zu erwarten, als daß er der Univerſität bald
zu dieſem anſehnlichen Kapital, und den geſetz-
mäßigen Intereſſen verhelfen werde. Es iſt
dem Menſchenfreund erlaubt zu fragen, wozu in einer Reihe von 66 Jahren eine Summe verwand worden iſt, die eine der edelſten
Seelen, die ie aus Fürſtenblute entſproß,
mühſam ſammelte, um auch nach ihrem Tode
der Menſchheit durch Beförderung der Religion, der Tugend und Wahrheit zu nützen? —

Ich

*) Den urkundlichen Beweiß ſiehe im Anhange.

Ich würde hier meinen Brief schließen,
aus einem ähnlichen Grunde, aus welchem die
Athenienser nach dem Tode des Cobrus keinen
König mehr haben wollten, wenn ich nicht des
Zusammenhanges wegen noch ein Paar Worte
hinzu zu setzen hätte. Christiane Charlotte,
um ihren Namen noch einmal zu nennen, ging
nach einer sechsjährigen Vormundschaftlichen
Regierung mit den letzten Stunden des Jahres 1729, dem 36ten ihres schönen Lebens, in jenes bessere über, wo Tugend und
Menschenliebe in ihren Bestrebungen nicht
mehr gehindert werden! Ihr Sohn Karl
Wilhelm Friedrich verläugnete seine Abstam-
mung nicht. Seine Sorgfalt für die Vervoll-
kommerung der Justiz, der Landesregierung
und des Erziehungswesens gereichen seinem
Namen zur Ehre. Er starb im Jahre 1757
und hinterließ das Fürstenthum Anspach seinem Sohne Christian Friedrich Karl Alexander.
Bei seinem Regierungsantritt waren die beiden Fürstenthümer noch getrennt. Ueber
Baireuth herrschte vom Jahr 1763 bis 1769
Friedrich Christian der letzte Nachkomme der
jüng-

iünger Baireuthiſchen Linie *). Bei ſeinem erb-
loſen Abſterben wurde dieſes Fürſtenthum mit
Anſpach vereinigt. Beide ſehn ietzt unter Friedrich Wilhelms Regierung, mit hofnungsvollen
Blicken, und mit feſtem Vertrauen im Herzen
der nahen und fernen Zukunft entgegen. Möge die Waiſſagung des Weltbürgers eintref-
fen, daß die Brandenburger Franken bald ſehn
und fühlen werden, wie glücklich und froh
ſichs unter dem Schutze eines weiſen, gütigen
und mächtigen Königs lebt!

*) Die beſten Nachrichten von den Markgrafen der
iüngern Baireuthiſchen Linie findet man in einem Buche, das 1780 zu Gotha heraus gekommen iſt und den Titel führt: Nachrichten von
der politiſchen und ökonomiſchen Verfaſſung des
Fürſtenthums Baireuth, und der in dieſem Jahrhundert verſtorbenen Markgrafen, von Brandenburg Baireuth.

Vier-

Vierter Brief.

Haben die Brandenburgiſchen Fürſtenthümer in Franken durch die erfolgte
Regierungsveränderung verlohren oder
gewonnen?

Wenn ein iunger Mann ſich durch die Liebe
eines braven Mädchens mit einem Hauſe verbindet, das durch ſeinen Namen, ſeinen Reich-
thum, ſeine Verhältniſſe und durch ſeinen
Einfluß berühmt iſt, ſo ſagt iedermann, er habe ſein Glück gemacht. Und mich dünkt, man
hat darin nicht Unrecht. So lange wir unter dem Monde leben, Freund, und alles, was
wir wünſchen und hoffen, nur unter Menſchen
und durch Menſchen erhalten können, iſt es
von entſcheidender Wichtigkeit, ob dieienigen,
die uns wohlwollen, dazu auch Vermögen und
Gelegenheit haben, oder nicht. Sollte man
aus dem nämlichen Grunde einem ganzen
Volke nicht Glück wünſchen müſſen, wenn
die Vorſehung es mit einem größern verbindet, das wegen den ungetrübten Genuß

ſei-

seines Wohlstandes beneidenswerth, durch den
Ruhm seiner Thaten und seines Namens geehrt, durch seine Gesetzgebung, durch den Flor
der Künste und Wissenschaften, der Fabriken
und Manufakturen bewundert und gefürchtet
ist, durch den mächtigen Einfluß seines Staats
und durch den Nachbruck den es seinem Willen geben kann? Es ist natürlich·daß ein
grosses und mächtiges Reich, mehr Quellen
des Nationalwohlstandes und zugleich mehrere
und sichrere Mittel haben muß, dieselben auf
das zweckmäßigste zu benutzen als ein Paar
kleine Fürstenthümer, die durch ihren beschränk-
ten Umfang, durch ihre geringe Bedeutung
in der Reihe der übrigen Staaten und durch
Grenzunbequemlichkeiten gehindert sind, zu
werden, was sie seyn möchten und könnten.
Es ist das Loos aller kleinen Länder und
Staaten, daß sie mit ihren Grenznachbaren in
allerlei Streit und Mißhelligkeiten verwickelt
werden, die bald gegenseitige Erbitterung *)

bald

---

*) Diese Erbitterung herrscht freilich, wie es die
Natur der Sache nicht anders mit sich bringt,

mehr

bald kostspielige Proceſſe veranlaſſen, oft beiden Theilen ſchaden und ſelten einem Theile nützen.

Die beiden Fürſtenthümer Anſpach und Baireuth haben das bisher oft erfahren, und werden ſich ganz wohl dabei befinden, daß dergleichen Verdrießlichkeiten in der Zukunft theils ganz wegfallen, theils leichter und ſchneller können gehoben werden. Sie wiſſen was Preußen ſeit Friedrich dem Einzigen für eine Rolle auf dem Theater von Europa ſpielt. Seine Freundſchaft iſt Ruhm und ſein Beiſtand

mehr unter den niedern als höhern Klaſſen des Volks, aber ſie iſt deswegen nicht weniger von Folgen, und als eine moraliſche Krankheit zu betrachten, die, gleich mancher phyſiſchen den niedern Volksklaſſen eig'nem, auch die höhern Klaſſen anſtekt. Ein Beiſpiel ſolcher Erbitterung findet man an den Bambergiſchen und Baireuthiſchen Grenzbewohnern. Folgende eben ſo authentiſche als originale Anecdote kann dieß beſtätigen: Ein alter Oberförſter am Fichtelberge, ein in ſeinem Berufe eifriger Mann, und ein Greis von ſehr hohem Alter, wünſchte ſich bei einer merkwürdigen Gelegenheit keine Glückſeligkeit mehr auf Erden, als vor ſeinem Tode noch einen Bambergiſchen Wilddieb zu erſchießen! —

stand der sicherste Hafen bei Stürmen. Lassen Sie den Krieg sein Schlangenhaupt erheben, und seine Furien, die Grausamkeit und Verwüstung, in die wehrlosen Fluren eines kleinen Fürstenthums, oder andern Ländchens schicken, und das Elend wird grösser seyn, als ich geneigt bin, es Ihnen zu schildern. Die Geschichte aller grossen Kriege, älterer und neuerer Zeit, kann Ihnen die Belege zu dieser Behauptung liefern. Etwas ganz anderes ist es, seine Sicherheit auf die Wachsamkeit eines Königs zu bauen, der, wenn es nöthig ist, der Stimme der Menschheit durch die Schwerdter von hundert tausenden Aufmerksamkeit und Achtung verschaffen kann. Je mächtiger der Schutz, desto sichrer und ungekränkter der Beschützte?— Wenden Sie mir nicht ein, daß kleine Staaten durch die Verbindung mit grössern auch häufig in Kriege verwickelt werden, den sie für sich selbst nie würden ausgesetzt gewesen seyn. Dieser Einwurf würde nur dann etwas wahres enthalten und von Erheblichkeit seyn, wenn die Rede wäre von einem Staate, der durch den Geist der Eroberung beseelt wird,

wird, und der, wie einst der Römische, keinen grösseren Ruhm kennt, als den, sich immer mehr auszubreiten, sollte es auch durch unrechtliche und verwerfliche Mittel gescheh'n. Preußen hat es für jeden Unpartheiischen und Wohlgesinnten erwiesen, daß es fern von jener interessirten und schlauen Falschheit der Politik, die man vielleicht nicht mit Unrecht einigen grossen Höfen vorwirft, seinen größten Ruhm in der Glückseligkeit sucht, den nationalen Wohlstand durch eine weise Regierungsverfassung zu vermehren und durch zweckmäßige Anstalten, durch Ordnung und Pünktlichkeit in allen Zweigen der Staatsverwaltung immer fester zu gründen. Beförderung der Künste und Wissenschaften, der Fabriken und Manufakturen, der Industrie und Handlung; strenge Aufsicht über die Befolgung der Gesetze und Verordnungen; Aufmunterung der Vaterlandsliebe, der Arbeitsamkeit und eines regen Diensteifers, sind die Mittel, deren es sich bedient, seinen rühmlichen Zweck zu erreichen. Mit dieser warmen Sorgfalt für die Wohlfart seiner eigenen Saatsbürger,

F   ver-

verbindet es das ehrenvolle Bestreben, Recht
und Gerechtigkeit überall zu befördern, das
nothwendige Gleichgewicht von Europa zu erhalten, den Schwächern und Unterdrückten
zu schützen, jeder eroberungssüchtigem Macht
Ziel und Grenzen zu setzen, und Ruhe und
Frieden ohne Absicht auf eignen Vortheil zu
erhalten, oder wieder herzustellen. In dieser
Gestalt hat sich Preußen im Bairischen Erb-
folgkriege, durch die Errichtung des teutschen
Fürstenbundes, durch sein Betragen in den
Lüttichschen Unruhen und bei vielen andern
Gelegenheiten gezeigt. Wären Verunglimpf-
ungen und Undankbarkeit in dieser unvollkomnen Welt nicht die beständigen Verfolger alles
glänzenden Verdienstes und jeder wahren Thatengrösse, so würde es kaum begreiflich seyn,
wie man diese Absichten, welche die Schritte
des Preußischen Hofes leiten, jemals habe
verkennen können.

Eine andere Unbequemlichkeit die oft die
besten Unterthanen kleiner Staaten am meisten empfinden, ist, daß einzelne angesehne
Fami-

Familien alle Vortheile und äußere Ehre an
sich reissen, und daß Zufälligkeiten der Geburt,
der Familienverbindungen, und dergleichen
Verhältnisse die Harmonie des Ganzen vielfältig unterbrechen, und allerlei Ungerechtig-
keiten veranlassen, die in grössern Staaten
kaum vorfallen können. Die Ursachen davon
liegen nicht sehr versteckt: Ein kleiner Fürst
grenzt zu nahe an die ersten Familien des
Landes das er beherrscht, als daß die nothwendige Entfernung immer Statt finden könnte. Er ist wohl selbst mit den ersten Häu-
sern verschwägert, wodurch der Unterschied des
Regenten und Unterthans noch unkenntlicher
und unbemerkbarer wird. Werden Stellen
im Lande erlediget, die mit Vortheilen und
Ehre verbunden sind, so ist nun nicht mehr
die Frage, wer der würdigste dazu ist, sondern
wer die wichtigsten Empfehlungen hat. Diese
Wichtigkeit aber hängt nicht von Talenten
und innern Werthe, sondern von Familienverbindungen und von jenen Künsten ab, die
durch Gold, schöne Augen, liebliche Wangen,
süsse Lippen, bezaubernde Fürbitten und ande-

F 2   re

re Reitze, die eines jeden Phantasie oder Welt-
erfahrung hinzudenken mag, in Ausübung
gebracht werden. Die Gesetze haben dann gewöhnlich wenig Kraft. Die Laune des Regenten, der Einfall eines Geschöpfs, das Vergnügen giebt oder befördert, entscheiden in
den wichtigsten Angelegenheiten des Landes.
Daher die Kabinetsordern und Verfügungen
nirgends häufiger sind, als an kleinen Höfen.
Was heute zum Gesetz gemacht ist, wird mor-
gen wieder aufgehoben, und was gestern ver-
boten war, heute wieder erlaubt. Ich weiß
es wohl, Freund, daß es Ausnahmen giebt,
aber leider sind es doch immer nur Ausnahmen! Bei genauer Erwägung werden Sie im
Gegentheil finden, daß diese Misbräuche in
grossen Reichen und Staaten bei weitem so
viele Begünstigung nicht finden. Der Regent hängt weniger von einzelnen Familien
ab, weil der Abstand unter beiden grösser ist,
und weil es derselben mehrere giebt, die sich
um einen und denselben Planeten drehn, und
aus denen der Regent seine ersten Diener wählen kann. Die Landes Collegien, die Ober-
und

und Untergerichte haben in grossen Staaten
mehr Kraft und Gewalt. Der Regent wird
mehr durch die Nothwendigkeit an die Gesetze
gebunden; seine Lasten würden sich sonst ins
Unendliche vermehren, die Unordnung und
Unzufriedenheit könnten leicht in gewaltsame
Folgen ausbrechen und er würde eine Natter
an sein Herz legen, würde mit eignen Händen die Grundfeste seines Throns untergraben,
wenn er den unsaubern Geist der Ungerechtigkeit und Kabale dulden wollte, den zum Beispiel ein Friedrich der Einzige so meisterhaft
auszutreiben verstand. Ein grosses Reich
läßt sich nur durch vernünftige und weise Gesetze, nur durch eine kluge und thätige Be-
nutzung aller Quellen der innern Macht und
Stärke, nur durch Beförderung aller Arten
des menschlichen Wissens, nur durch allgemeine
Ordnungsliebe und Wirksamkeit fürs Wohl
des Ganzen aufrecht und in einem blühenden Zustande erhalten. Die tausendfältigen
Geschäfte eines so grossen Staats erfor-
dern zu vielartige Talente, Geschicklichkei-
ten, Kräfte und Neigungen, die alle gleich

F 3

un-

unentbehrlich fürs Ganze sind, als daß der
Regent einzelne Stände, oder wohl gar einzelne Familien auf Kosten aller übrigen auf-
fallend begünstigen könnte. Die Würdigkeit
entscheidet hier mehr, und der Mann vom
Verdienst hat bessere Gelegenheit, durch das
was er wirklich ist, sich Achtung und ein anständiges Daseyn zu erwerben. Der Unterschied der verschiedenen Stände ist nirgends
sichtbarer, und ihre Verhältnisse gegen einander nirgends verschrobner und lächerlicher als
in kleinen Staaten. Der Adel usurpirt da
im allgemeinem Vorzüge, und erlaubt sich An-
maßungen, welche die Empfindlichkeit des
Bürgerstandes reizen und Unzufriedenheit und
Unwillen erregen müssen. Der Ton des Umgangs wird verstimt, das Band ungezwunge-
ner, wohlwollender Geselligkeit zerrissen, Gri-
masse tritt an die Stelle der Herzlichkeit, und
Freundschaft und Liebe, diese Urquellen alles
Schönen und Beneidenswürdigen, werden zu
Sclavinnen einer verstandlosen Etiquette, eines faden Stolzes und einer ahnenrechten
Narrheit. Der Bürgerstand auf seiner Seite
läßt

läßt es dabei an Abgeschmacktheiten keines We-
ges fehlen, und so sehr es auch Genieton ist,
dem Adel allein die Schuld aller gegenseitigen
Thorheit und Unschicklichkeit, wodurch sich beide
Stände dem mitleidigen Lächeln des Vernünfti-
gen aussetzen, beizumeßen, so muß ich Ihnen
dennoch gestehn, daß ich oft nicht entscheiden
möchte, welche Parthey in einzelnen Fällen
den meisten Tadel verdient. Aber so wie der
Adel, selbst nackt und blos wie er aus dem
Eye komt, schon deswegen weil der Himmel
ihm das Leben geschenkt hat, Vorrang und
Auszeichnung verlangt, so behauptet er diese
auch wenigstens durch die erste Veranlassung
jener Neckerei, die noch häufig zwischen ihm
und den Erdensohn ohne von leider zum wahren Makel unserer armen Vernunft obwaltet.
Es giebt übrigens einen Bürgerstolz, wie es einen Adelstolz giebt, und ersterer wird oft dadurch
noch beleidigender und unerträglicher daß er
sich mit einer gewissen Plumpheit ausdrückt,
die es sogar unmöglich macht, daß man darüber lachen kann. Die Bürgerfrau, deren
Mann Rath ist, trägt nicht selten Bedenken,

F 4

mit

mit der Frau eines unberatheten Mannes um-
zugehn, und in demselben Augenblick, wo sie
den Himmel über der Glückseligkeit, gnädige
Frau zu heißen, vergessen würde, kann sie
sich doch das Vergnügen nicht versagen, irgend eine gnädige Frau nach Gebühren durch-
zuziehn. Selbst Männer die sich auf ihre
Bildung etwas zu Gute thun, und sich als
keine geringen Stützen des Staats betrachten,
können oft dem Drange nicht widerstehn in
unbeschränktem Gefühl ihres Werthes, ohne
in ihrer bürgerlichen Nobelkeit gekränkt zu
seyn, die Peitsche über den Abel zu schwingen.
Auch in grossen Staaten giebt es dergleichen
Unfug, aber er ist doch daselbst nicht so zu
Hause wie in kleinen, und wird in jenen nicht
so gepflegt wie in diesen.

Sie wissen was wir so oft mit einander
über die strafbaren Schwänke schlechter Beamten gesprochen haben. Ohnerachtet auch grosse
Staaten einzelne Virtuosen dieser Art aufzu-
weisen haben, so ist es doch vielmehr das Loos
der kleinen, von dieser Landplage heimgesucht
zu werden. Man weiß wie viel die Unter-
tha-

thanen durch dergleichen Blutigel leiden, und
wie oft sie die Quelle der Unzufriedenheit sind,
die von Zeit zu Zeit in einzelnen Provinzen
laut wird. Es gehören Augen dazu die das
Geld nicht blendet und eine Strenge der Aufsicht, und eine gewissenhafte Abforderung der
bestimten Rechenschaft, wie man sie in Preußischen Staaten findet, wenn die Unterthanen
wider den Raub gesichert seyn sollen, der
auf diese Art begangen wird. Es ist ein Unglück für kleine Staaten, daß zwischen den
Beamten und ihren Vorgesetzten so häufig
der Grundsatz des Fuchses obwaltet: Tret er
mich nicht, Herr Pferd, ich will ihn auch
nicht treten! — Es sollte eine Hauptsache
der Beamten seyn, daß die nothwendigen Nah-
rungsmittel nie fehlten und niemals zu hoch
im Preiße stiegen. Aber sind sie es nicht öfters, die gerade die Theurung befördern oder
verursachen. Ich schreibe Ihnen dieß nicht,
ohne sprechende Beweise in Händen zu haben,
und ich würde sie ihnen mittheilen, wenn
ich davon, ohne Schuldlosen zu schaden, den
geringsten Nutzen für Sie oder die Menschheit

F 5   er-

erwarten könnte. Was seit dem Antritt
der Preußischen Regierung und schon vorher
unter der neuem Landesverwesung in den beiden Fürstenthümern geschehn ist, begründet die
zuversichtliche Hofnung, daß der fleißige und
treue Unterthan so schöner Fürstenthümer, unter dem wachsamen Schutz der Gerechtigkeit,
nicht mehr durch dergleichen Zöllner und Sün-
der wird ausgesogen werden. Wenn ich der
Gerechtigkeit erwähne, die unter den scharfen
Blicken des Preußischen Adlers nicht ungestraft
verletzt wird, so führt mich das zu einer
neuen, herrlichen und herzerhebenden Aussicht
für die Brandenburgischen Franken. Das erste und größte Bedürfniß eines wohlorgani-
sirten Staats, und die Krone alles Guten,
das ihm kann erwiesen werden, ist ein allgemeines Gesetzbuch, das auf den ursprünglichen
und unveräußerlichen Rechten der Menschheit
gegründet, mit richtigen und ausgebreiteten
Einsichten in die Sache selbst, mit Kenntniß
des Menschen und einer genauen Bekannt-
schaft des Landes, dessen Wohlfart dadurch
beabsichtigt wird, abgefaßt ist. Ich zähle den
Man-

Mangel eines solchen Gesetzbuchs unter die wichtigsten Unvollkommenheiten der Fürstenthümer Anspach und Baireuth. Letzteres hat durch seine Landesconstitution noch einen Vorzug vor den ersten behauptet. Die Unzulänglichkeit der Amtsordnung und der Erläuterungen derselben, die nebst einigen Specialanweisungen für den Gang der Gerichte, Processe, das Verfahren in Kriminalangelegenheiten, die Behandlung der Juden u. s. w. die Stelle eines ordentlichen Gesetzbuchs im Fürstenthum Anspach vertreten mußten, diese allgemein gefühlte Unzulänglichkeit, sage ich, machte es bisher immer noch nothwendig, Auskunft und Licht in dem Römischen Rechte zu suchen. Dadurch mußte die Gerechtigkeitspflege natürlicher Weise einen sehr langsamen und unsichern Gang erhalten, und wider ihre Würde den Intriguen, Deuteleien und Kreuzsprüngen der Advokaten ausgesetzt seyn. Die Willkühr des Richters gewinnt bei einer solchen Mangelhaftigkeit der Gesetze einen unbeschränkten Spielraum. Die Zugänge zu allen

len möglichen Schleifwegen stehn offen, Un-
partheilichkeit wird in den Gerichtsstuben selten, und es wird jeden schwer Recht zu erhalten, welchem der Richter übel will. Daher die Fälle so häufig sind, daß der Arme
eine Sache verliert, die der Reiche, der Ver-
schwägerte oder Freund des Richters gewinnt!
So oft man dergleichen Betrachtungen an-
stellt, fühlt man sich gebrungen Friedrich, den
Einzigen im Grabe zu segnen, der durch die
Gelehrsamkeit, den Forschungsgeist und Fleiß
des Preußischen Solons ein Gesetzbuch ent-
werfen ließ, das unter Friedrich Wilhelm vollendet wurde, und den Preußischen Staaten
in der wichtigsten Angelegenheit des bürgerlichen
Lebens einen unzweideutigen Vorzug vor allen Reichen und Staaten Europas ertheilt.
Da, Freund, haben Sie das erste Beispiel
in der Geschichte der Menschheit, daß man
von einer Nation sagen kann, sie habe sich
die Gesetze selbst gegeben, denen sie gehorcht.
Jeder einzelne Theil dieses großen Denkmals
teutscher Kultur und der Riesenschritte, die
der Preußische Staat zur Vollendung seiner
Ge-

Gesetzgebung gethan hat, war vor seiner Vereinigung mit dem Ganzen nicht blos der öffentlichen Prüfung unterworfen, sondern man
hat sogar durch ansehnliche Belohnungen den
Scharfsinn und Untersuchungsgeist aller den-
kenden Köpfe zu beleben und zu spannen gesucht. Erinnerungen, Einwendungen und Tadel sind geprüft und zur Verbesserung und
Vervollkomnerung des grossen Werks genützt
worden. Die Collegien des Landes haben ihre Meinungen darüber einschicken, und die
Obrigkeiten einzelner Provinzen erklären müssen, ob sie etwa auf Gesetze gestoßen wären,
die gewissen Gerechtsamen und Privilegien wi-
dersprächen. Und so ist unter dem geistvollen
Schutz der Preußischen Themis das Werk auf-
geführt worden, das der Menschheit Ehre
bringt, und auch einem im stolzen Gefühl seiner Freiheit nnd Gesetzgebung trunkenen Britten beweisen muß, daß er noch manches in
der Zukunft von Hermanns Nachkommen wird
lernen können.

Ungestörte Sicherheit und Befriedi-
gung des allgemeinen Bedürfnisses aller Menschen

schen, unter welchen Verhältnissen, in welchen
Glücksumständen, welchem Amt' und Berufe
sie leben, ein frohes und Zufriednes Leben
führen, und den ersten Zweck der Menschheit,
den schönen Zweck der Selbstveredelung durch
die besten Mittel erreichen zu können — das allein sollte das letzte, größte Ziel aller Staaten
seyn. Den Weg zu diesem Ziele zu bahnen, und
die Erreichung desselben, wie dem Königssohne,
so dem Aermsten und Niedrigsten im Volcke
möglich und leicht zu machen — das, Freund,
ist der Geist, welcher den Buchstaben des
Preußischen Gesetzbuches beseelt. Hiermit
vereiniget sich, was das Aeußere betrift, der
grosse Vorzug, daß es in unserer Muttersprache abgefaßt und in einem so fliessenden, deut-
lichen, bestimten und faßlichen Vortrage nie-
dergeschrieben ist, daß ieder, der durch die
mindeste Bildung zum Menschen geweiht ist,
die Gesetze selbst lesen kann, wornach er gerichtet wird. Welcher Segen für die beiden
Fürstenthümer, wenn auch sie sich dieses Gesetzbuchs, vielleicht mit kleinen Einschränkun-
gen und Nebenbestimmungen, bald erfreuen
können.

können. Wäre dieß der einzige Vortheil den sie von der Preußischen Herrschaft zu erwarten hätten, so wäre er groß und wichtig genug, ieden zu der innigen Dankbarkeit zu beleben, die sich durch Diensteifer, Gehorsam und feste Treue ausdrückt.

Erlauben sie mir, Freund, daß ich bei dieser Gelegenheit Ihre Aufmerksamkeit zugleich auf einen andern Gegenstand leite, der ebenfalls von unbezweifelter Wichtigkeit für den Wohlstand eines Staats und seiner Bürger ist. Die Fabriken und Manufakturen, die so viele tausend Menschen ernähren können, und eine so ergiebige Quelle von Nationalreichthum sind, waren bisher, im Ganzen genommen, in einem sehr mittelmäßigen und unvollkomnen Zustande. Und doch zeigten Schwabach, Roth, Bruckberg, Fürth, Wonsiedel und Hof, welche die wichtigsten Anstalten dieser Art enthalten, wie viel geleistet werden könnte. Der Seidenbau ist bisher ganz vernachläßigt worden. Die Preußischen Staaten, und vorzüglich die patriotischen Bemühungen

mühungen des verdienstvollen Herzbergs haben bewiesen, welche Summen dadurch fürs
Land zu gewinnen sind. Alle Arten feiner
Tücher, feiner Leinewand, Spitzen, Batist,
seidene Waaren, und mehrere Gegenstände des
Luxus, die im Lande gewonnen werden könnten,
wurden bisher aus fremden Ländern eingeführt.
Der Handel war immer sehr eingeschränkt und
beide Fürstenthümer mußten mehr einführen
laffen, als sie ausfahren konnten. Der Grund
davon liegt theils darin, daß man die Ein-
fuhre in wenigen groffen Reichen erlaubte,
theils in den hohen Zollabgaben und Sper-
rungen, wodurch man in den angrenzenden
Ländern die Ausfuhr erschwerte. Hierzu
kommt das größte Hinderniß, das bisher der
Ausbreitung des Handels entgegen stand und
dadurch den Flor der Fabriken und Manufakturen zurück hielt, daß ein paar kleine Fürstenthümer für sich allein zu wenig Einfluß
in das Staatssystem von Europa haben, als
daß groffe Reiche dadurch gestimt werden könnten, ihre Freundschaft besonders zu pflegen
und ihre Wünsche und Vortheile zu begünstigen.

gen. Sie sehn welche fruchtbare Aussichten
auch in dieser Rücksicht für beide Fürstenthümer unter Preußischem Schutz' sich eröfnen.
Beurtheilen Sie hieraus zugleich die übereil-
te Furcht , als ob durch die erfolgte Regierungsveränderung das Geld aus dem Lande
gehn würde. Die Summe, die der Markgraf
jährlich erhält, gewinnen die beiden Fürstenthümer doppelt durch eine planmäßige, strenge
und gewissenhafte Verwaltung der Finanzen.
Und wie viel erspart nicht ieder Unterthan
durch eine sichere, gewissenhafte, weise und
schwanklose Pflege der Justiz ? Der Kabale
ist das Haupt zertreten, die Schwäger- und
Vetterschaften kümmern einen grossen König
nicht, die Advokatenkünste liebt man nicht im
Preußischen, und wer über Insinuationen und
Küchenpräsenten seine Pflicht vergißt, dem
klopft man auf die Finger, oder giebt ihm,
wenn er das Naschen nicht lassen kann, freie
Kost an einem sicheren Orte! —

Endlich, könnte es möglich seyn, Freund,
daß Sie durch mich zuerst aufmerksam gemacht

G   wür-

würden auf die groſſe Verbeſſerung die dem Soldatenſtande unter Preußiſcher Hoheit bevorſteht? Sie kennen die Wichtigkeit und Unentbehrlichkeit einer angemeſſenen Anzahl Truppen für die Ruhe, Sicherheit und Ordnung der Staaten, und ſind überzeugt, daß es nicht gleichgültig iſt, welcher Geiſt dieſe beſeelt. Gehorſam und Pünktlichkeit, Tapferkeit, unübertrofne Raſchheit und Emſigkeit in Kriegsübungen, mit groſſer Reinlichkeit, Ordnung und Ehrliebe verbunden, ſind Vorzüge die ſelbſt Neider und Feinde dem Preußiſchen Soldaten nicht abſprechen können, und die ihm ſchon längſt überall einen achtungsvollen Namen erworben haben. Und welche Nation der Erbe hat ein Corps von Officieren aufzuweiſen, das die Preußiſchen an Brauchbarkeit, an Bildung des Geiſtes, an Vertraulichkeit mit den Wiſſenſchaften und Kenntniſſen eines braven Soldaten, an Dienſteifer und patriotiſcher Treue, an Wohlanſtändigkeit im Aeußern und an reeller, gründlicher Denkungsart überträfe? Es iſt wahre Ehre für die bisherigen Soldaten Ihrer beiden Fürſtenthümer,

thümer, unter solchen Heerführern und Be-
fehlshabern und mit solchen Kriegern zu dienen. Ich für meinen Theil müßte den für eine
feige und verworfne Seele halten, der das
nicht fühlen könnte. Aber es ist auch wahrer
Gewinn für das Land selbst, solche Truppen
zu unterhalten. Ihr Einfluß in die Verbreitung einer wohlthätigen Ordnungsliebe, in
die Aufrechterhaltung der nothwendigen Achtung gegen Vorsteher und Gesetze, und in
die Bezähmung der Ziegellosigkeit ist grösser
wie mancher der sich gewöhnt hat, nicht weit
über seine Nase hinaus zu sehen, begreifen
mag.

Eine iede Regierungsveränderung macht
Einrichtungen und Verfügungen nöthig, wenn
Uebereinstimmung und Ordnung statt finden
sollen, die vielleicht manchem Einzelnen unan-
genehm sind, aber der Vernünftige und Rechtschafne macht sichs, aus Liebe zum allgemeinen
Besten, aus Liebe zur Ruhe und Friedsamkeit,
zur Pflicht, über dergleichen kleine Unbequem-
lichkeiten nicht zu murren. Der König hat

ver-

versprochen einen ieden in' ben Rechten zu erhalten, bie er bisher genoſſen hat. Die Pflicht
bes Landesherrn iſt, bieß auf eine Art zu thun,
woburch bas Wohl bes ganzen Landes am
ſicherſten beförbert wirb. Daburch wirb öfters der Wunſch von bieſem ober ienem ver-
eitelt. Das kann aber einen ſolchen unmöglich zur Unzufriebenheit berechtigen. Der
Solbat zum Beiſpiel ſchwört ſeinem Könige
Treu' und Gehorſam, baburch verpflichtet er
ſich nicht etwa blos, unter bieſem ober ienem
Officiere, an bieſem ober ienem Orte als ein
braver Kerl zu bienen, ſonbern er iſt ſchulbig
bieſen Eib zu halten unter allen Officieren,
welche der König ihm vorſetzt und an iebem
Orte, wo er ſeiner Dienſte benöthigt iſt.
Was würde für eine namenloſe Verwirrung
entſtehn, wenn ber Landesherr bei ben Einrichtungen, bie er fürs Wohl ſeiner Länder
macht, iebes einzelnen Menſchen Bequemlichkeit ober Eitelkeit und Stolz befriebigen wollte! Es wäre im eigentlichen Verſtande Sache
ber Prebiger, ihre Zuhörer über bergleichen
Gegenſtände im Sinn ber Religion Jeſu zu
unter-

unterrichten, gute Bürger und treue Unterthanen zu bilden, und vor allen Dingen Liebe
zur Pflicht, zum Gehorsam gegen die Gesetze,
zur Ordnung und Ruhe mit Wärme, Ueberzeugung und Nachdruck zu predigen! —

Doch der Raum, geliebter Freund, gestattet mir nicht, mich über alle in diesem Briefe
berührte Gegenstände ausführlich mit Ihnen
zu unterhalten. Meine Absicht ist erreicht,
wenn ich durch die einzelnen und kleinen Win-
ke, für die ich die Aufmerksamkeit Ihrer Bli-
cke gern hätte gewinnen mögen, Ihrem Herzen die Begründung der Ueberzeugung näher
gebracht habe, daß die beiden Fürstenthümer
Anspach und Baireuth Ursach haben, das Loos
zu segnen, das ihnen bei der erfolgten Regierungsveränderung aus den Händen der Vorsehung zugefallen ist!

Fünf-

Fünfter Brief.

Ueber den Minister von Hardenberg.

Nie habe ich mich in einem grössern Wider-
streite mit mir selbst befunden, als in dem Augenblicke, da ich mich niedersetze Ihnen diesen Brief zu schreiben. Ich empfinde es lebhaft, daß meine Feder dem Gegenstande nicht
gewachsen ist, wovon ich sie unterhalten mögte. Und doch habe ich nicht Kraft genug, dieser innern Warnung zu folgen und ganz zu
schweigen. Ein Gedanke drängt den andern
und ich fühle mein Innerstes bewegt, wie vom
ersten, mächtigen Gefühl einer glücklichen Liebe. Fürchten Sie deswegen nicht daß eine
erhitzte Einbildungskraft, oder eine aufspru-
delnde Begeisterung, die schneller vergeht, wie
sie entsteht, meine Empfindungen täuschet;
oder daß hinter der warmen Theilnahme, mit
der ich beginne, die schlaue Absicht verborgen
liege, Ihr Herz zu bestechen. Ich fordre die
Wahrheit und die strengste Gerechtigkeit zu
Richterinnen auf, über das, was ich Ihrer
Be-

Betrachtung vorzulegen wünsche. Ich habe Ihnen meine Gedanken mitgetheilt über die herrlichen Aussichten und Hofnungen, wozu die beiden Fürstenthümer durch die neue Verbrüderung mit den Preußischen Staaten berechtiget werden. Diese Aussichten und Hofnungen werden durch eine noch weit schönere und segenreichere Wirklichkeit übertroffen werden, so lange die Vorsehung dem Lande die dankbar erkannte Glückseligkeit erhält, in der Person eines Hardenbergs, den Stellvertreter seines Königs, zu verehren.

Männer die durch ungewöhnliche Vorzüge und Verdienste die Würde des Menschen verherrlichen und sich den Weg zur Unsterblichkeit bahnen, gehören nicht blos den Tausenden an, denen sie unmittelbar nützen; die ganze Menschheit hat Ansprüche an ihnen. Ihr Name und ihre Thaten sind Belege des Schönen und Edlen, was in dem Menschen wohnt, begründen den Glauben an Tugend und Rechtschaffenheit und befeuren gleich einer himmlischen Flamme, selbst in kalten Seelen, den Funken der

Men-

Menschenliebe, die als die schönste Mitgift
der Natur, Segen und Beglückung über unsere
Gattung verbreitet. Jeder Beitrag zur Kennt‑
niß solcher Männer verdient zur Vermehrung
der Summe des Guten, und als Beispiel der
Nachahmung in dem Archive der Geschichte
niedergelegt zu werden. Das, Freund, ist
der Gesichtspunkt, aus welchem ich die Be‑
merkungen betrachtet wünsche, die ich Ihnen
als Weltbürger über einen Mann mittheile,
der bei aller Liebe und Verehrung, die er ge‑
nießt, noch nicht allgemein in seinem ganzen
Werthe und vielleicht, von den verdienstvoll‑
sten Seiten, gerade am wenigsten gekannt ist.

Es ist niemand mehr in Gefahr, einseitig
beurtheilt zu werden, als grosse Männer, und
die meisten setzen sich diesem Vorwurfe gerade
dann aus, wenn sie die Verdienste eines sol‑
chen Mannes zu würdigen suchen. Die be‑
sten Seelen scheinen am häufigsten in diese
Versuchung zu kommen. Etwas rühmliches,
das in die Augen fällt, rührt sie, und so ver‑
gessen sie die Hauptzüge des Charakters, die

den

den merkwürdigen Mann von andern unterscheiden und über andere erheben, zu studieren.
Sie werden schon merken, liebster Freund, wohin ich ziele. Erlauben Sie mir, daß ichs Ihnen
aufrichtig gestehe: Ihr Urtheil über den Minister von Hardenberg hat mich nicht befriedigt.
„Seine grosse Herablassung, sein gefälliges, ein-
„nehmendes Betragen, seine zuvorkommende
„Freundlichkeit haben Sie bezaubert;" das glaube ich Ihnen gerne und finde mit Ihnen darin
Züge wahrer Liebenswürdigkeit; aber demohngeachtet scheint mir dies Urtheil zu allgemein
und auf mehrere zu passen, welche eine gute
Erziehung genossen, die Welt gesehn und sich
durch Wissenschaften gebildet haben. Und wie,
wenn Ihnen könnte bewiesen werden, daß
unter tausend Männern von dieser Bildung
kaum einer wirkliche Aehnlichkeit mit dem ori-
ginalen Charakter des Ministers von Hardenberg habe? Es kann jemand, zumal wenn
ihn die Natur durch einen angenehmen Körperbau ausgezeichnet hat, eine grosse Gabe,
zu gefallen, viel Herablassung und Freundlichkeit besitzen, ohne einen vorzüglichen Platz in

der

der Reihe der Edlen zu verdienen. Und dennoch nöthigt mir die lebendigste Ueberzeugung
die Versicherung ab, daß ich auf dem Wege
des Lebens unter den Edelsten keinen getrof-
fen habe, der den Minister von Hardenberg
überträfe! Ich überlasse es Ihrem Herzen, ob
es Beweise für diese Behauptung in meinem
Briefe finden wird. Ein hoher, muskelhaf-
ter, verhältnißreicher Körper, geben dem allgeliebten Minister etwas Anziehendes und Be-
deutungsreiches, das jedes für die Harmonie
des Schönen geübte Auge angenehm fesselt.
Feuer und Lebhaftigkeit mit anhaltender Stärke bilden sein Temperament. Er empfindet
mit voller Seele, und seine Empfindungen
werden von einer Energie und Spannkraft
belebt, die nahe an Heftigkeit grenzen, daher die
natürliche Entschlossenheit, Raschheit und Lebhaftigkeit die man überall an ihm bemerkt.
Mehrere die das Glück haben, ihm näher zu
seyn, als ich und Sie, und dadurch in den Stand
gesetzt sind, tiefer in die Natur seines Charakters einzudringen, versichern, daß jene sanf-
te Gefälligkeit, womit er jedermann entgegen-
komt,

komt, nichts weniger sey als Folge eines ruhigen Temperaments. Von einem kernhaften,
gesunden und in ieder Rückficht edlen Stamm',
entsprossen, hat er aus den Händen der Natur ein Herz bekommen, für dessen Gefühl-
samkeit und unwandelbare, unerschöpfliche Güte ich keinen Ausdruck habe. Jedem Gutes
zu thun und Freude um sich zu verbreiten,
keinen betrübt, keinen leiden zu sehn, ist sein
erstes Bedürfniß. Das ist die Quelle des
wohlthätigen Mitleidens und der großgesinnten
Freigebigkeit die ieder, dem das Glück nicht
versagt ist, ihn zu kennen, an ihm bewundern
muß; dieß ist die Quelle der Edelmuth und
Güte, womit er seine Untergebene und Diener behandelt, und ein Hauptgrund des angenehmen Eindrucks und des Vertrauens,
welches sein Anblick und die heitere Freundlichkeit seiner Mienen einflößen.

Die wahre Artigkeit des Lebens, iener
gute Ton des Umgangs und der gefälligen
Wohlgesittetheit, die iedem, und besonders dem
Manne vom Range so viel Vertrauen und
Liebe

Liebe erwirbt, ist nach meinem Urtheil die
Frucht eines wohlwollenden, menschenfreundlichen und gebildeten Herzens. Dieses ist es
allein, und nicht London und Paris, was den
Menschen von Kenntnissen und guten Sitten
zum angenehmen Gesellschafter macht. Finde Freude in dem Bestreben iedem
Freude zu machen, und laß dichs
schmerzen, iemandem wehe zu thun,
oder ihn in Verlegenheit zu setzen,
das sind die einfachen Gesetze der liebenswürdi-
gen Kunst, Menschen durch Artigkeit und ein-
nehmende Sitten zu gewinnen. Da haben Sie
die wahre und ächte Quelle, iener Bezaube-
rungsgabe, wodurch der vortrefliche Hardenberg alle Herzen entzückt! Seine gerühmte
Herablassung, seine zuvorkommende Freundlichkeit sind nicht, was sie bei so vielen seines
Standes sind, stolze Demuth, oder seiner
Weltton, die Versicherung seines Wohlwollens
und seines Diensteifers nicht glatte Worte, die
blos auf den Lippen wohnen — das Herz
spricht aus ihm, beseelt vom reinsten Bieder-
sinn und dem Verlangen Glückliche zu machen.

Einer

Einer der schönsten Züge seiner grossen und edlen Denkungsart ist die schonende Geduld, womit er fehlerhaften Menschen begegnet, und auch durch die selbstsüchtige Narrheit und Undankbarkeit des Unverschämten, und wer kennt etwas unerträglicheres unter dem Monde? nicht abgehalten wird, der Neigung seines Wohlwollens zu folgen. Denken Sie sich den ungeheuren Ueberlauf uub die unabläßigen Bestürmungen durch Vorstellungen, Bittschriften, Anmuthungen u. s. w. um sich einen Begrief zu machen von der unerschöpflichen Geduld und Menschenfreundlichkeit womit er dem, ohnerachtet ieden hört, iedes Begehren sorgfältig prüft, das gerechte und billige befriedigt oder doch zu befriedigen verspricht, das unbillige und ungerechte liebreich zurückweißt und den Bittenden bedeutet. „Ich ha- „be heute das Glück gehabt, bei dem allge- „mein verehrten Minister von Harbenberg zu „speisen, schrieb mir neulich ein Freund bei „seinem Aufenthalte in Anspach. Man hatte „mir gesagt, daß er um 4 Uhr zur Tafel gin- „ge. Mit gespannter Freude sah ich ohne Unter- „laß

„laß nach der Uhr, um mich zur rechten Zeit
„einzustellen. Wie erstaunte ich, als ich in
„sein Haus kam. An 30 Menschen waren
„versammelt, die ihn noch zu sprechen begehr-
„ten. Man führte mich in ein sehr geschmack-
„voll verzirtes Zimmer, wo die liebenswürdi-
„ge Gemahlin des vortreflichen Ministers die
„Gäste empfing. Erst nach fünf Uhr hatte
„der Minister alle abgefertigt. Ich fürchtete,
„daß er ermüdet und unlustig zur Tafel kom-
„men würde, aber wie sehr wurde ich über
„meine voreilige Furcht beschämt, wie er mit
„lächelnder Heiterkeit ins Zimmer trat, uns
„alle herzlich bewillkommte, und im scherzen-
„den Tone einlud, die Suppe nicht kalt wer-
„den zu lassen. Man hätte glauben sollen,
„daß er aus einer angenehmen Gesellschaft
„käme, so aufgeweckt und unterhaltend war
„er, und gleichwohl hatte er von 6 Uhr an
„bis um Zwey gearbeitet und von Zwey bis
„um Fünfe Audienz gegeben.

Der Geist der Thätigkeit und Arbeitsamkeit der in ihm lebt und webt, beseelt wenig
Men-

Menschen. Er ist nicht zu ermüden, und thut alles mit einer Leichtigkeit und Lust, die Bewunderung verdienen. Er verrichtet alle die Arbeiten allein, die sonst unter 4 Minister vertheilt waren. Wenn Sie dazu nehmen, um wie viel sich die Geschäfte bei dem neuen Regierungsantrit gehäuft haben, und welche ungeheure Mühe es kosten muß, einen ganz neuen Plan und Gang der Geschäfte in zwei Fürstenthümern durchzuarbeiten, so wird es Ihnen wie mir, mit bangem Zittern für die Gesundheit und das Leben eines so unersetzlichen Mannes, unbegreiflich dünken, daß er nicht schon längst unter dem colossalischen Druck der überhäuften Lasten erlegen ist. Alles geht durch seine Hände alles leitet er, von allem läßt er sich unterrichten, mündlich oder schriftlich. Nichts entgeht seiner Aufmerksamkeit. Als das erste und größte Beispiel der Ordnung und Pünktlichkeit setzt er alle Kräfte, die unter ihm arbeiten in anhaltende Bewegung, und wirkt durch die Art, wie er zur Pflicht und Thätigkeit ermuntert, Beifall oder Mißfallen bezeigt, mehr Gutes, mehr Dienstreue und

und Vaterlandsliebe, als ein anderer durch
die größten Summen zu bewirken im Stande
seyn würde. Jedes Verdienst weiß er zu
schätzen, und sein fester Glaube an Menschen-
tugend, und Menschenwerth ist der sicherste
Beweiß seiner eigenen Tugend und seines ächten Verdienstes. Sein Ohr ist ieder Verläum-
dung verschlossen, wie der Partheilichkeit sein
Herz. Grosse Selbstständigkeit des Entschlusses und Willens ist ein Hauptzug seines Charakters. Er handelt nicht nach Ueberredung,
nicht nach Antrieben eines erweichten Gefühls.
Er hört ieden, prüft alles und thut nach seinem
Gewissen. Dieß, Freund, ist einer iener spre-
chenden Vorzüge, die ihn über tausende seines
Standes und Ranges erheben. Ich kenne
wenig Menschen, bei denen iene unerschütterliche Rechtschaffenheit, nichts zu thun, was
dem Bewustseyn innerer Würde und der Ueberzeugung von dem was gut, recht und edel
ist, widerspricht, in einem reinern und gefälli-
gern Glanze wahrer Tugend erschiene, als
bei ihm. Man findet es so häufig, daß Männer, die sich durch grosse Gewissenhaftigkeit

aus-

auszeichnen, etwas hartes, unbiegsames, rau-
hes und zurückstoßendes haben. Die Wirkung
des Guten, was sie stiften könnten, wird dadurch geschwächt, oft ganz vernichtet. Davon
treffen Sie nicht die entfernteste Spur in
Hardenbergs Worten, noch Handlungen. Die
Gratien verlassen ihn nie, wenn er der Gerechtigkeit opfert, und der entschlossene Mann-
sinn und die unbeweglichste Beharlichkeit erscheinen bei ihm nur in dem Gefolge der Menschenliebe und ehrfurchtheischenden Würde.
Es ist nicht genug, Freund, ein rechtschafner,
pflichteifriger und gewissenhafter Mann zu
seyn, um dem Staate und der Menschheit grosse Dienste zu leisten; der Mann, der Ansprüche auf einen vollendeten Charakter machen
will, muß auch die seltne Kunst verstehn, das,
was er ist, mit Weisheit und Klugheit zu seyn.
Wie oft wird bei den besten Absichten Unheil angerichtet, weil man sie durch unweise
und unkluge Mittel zu erreichen strebte. Darin allein liegt so oft der Grund, wenn ach-
tungswürdige Männer das Ansehn nicht ge-
niessen was sie verdienten, und in dem Um-

H   gange

gange mit Menschen, oder in Geschäften des
bürgerlichen Lebens mit ihren Wünschen und
Bestrebungen scheitern. Von welcher folgerei-
chen Wichtigkeit ist es daher nicht für einen
Staat, seine Wohlfart nicht nur in den Händen eines rechtschaffenen, verdienstfähigen und
braven Mannes zu sehn, sondern alle Hofnungen und Wünsche zugleich auf seine Weisheit, Menschenkenntniß und Klugheit bauen
zu können. Bedarfs für Sie noch des Zu-
satzes, daß der Minister von Hardenberg diesen Vorzug im hohen Grade mit seinem trug-
losen und rechtdenkenden Charakter vereinige?
Zeigt der glückliche Erfolg seiner rastlosen Bemühungen, zeigen die einstimmige Zufriedenheit und Liebe, womit ihm aller Herzen ent-
gegenschlagen; zeigt das allgemeine Bestreben,
seinen Wünschen zu entsprechen; zeigen die
feste Ergebenheit und Bewunderung, die er
genießt, nicht mehr, als alle Beredsamkeit,
wie wohlgewählt die Mittel sind, wodurch er
seine ruhmvollen Absichten zu erreichen weiß?
Es würde unbegreiflich seyn, wie sich in einem Manne so viele seltne Eigenschaften, in
solcher

solcher Vollkommenheit vereinigt finden können, wenn es nicht bekannt wäre, daß er
zugleich durch die glänzensten Talente für den
Posten berufen ist, worauf er steht. Ein siche-
res Gedächtniß und ein schneller, durchdrin-
gender Verstand haben es seinem Forschungs-
triebe und anhaltenden Fleiße möglich gemacht,
sich so viel umfassende und zugleich so gründliche Kenntnisse zu erwerben. Die lateinische
Sprache hat ihn zum vollen Genuß ihrer Gaben eingeweiht. Er pflegt große Vertraulichkeit mit ihr, hat iene Meisterstücke, die La-
tiums Musen eingehaucht haben, nicht blos
dem Buchstaben nach gelesen, sondern studirt *),
und ist in den Geist eingedrungen, der mit
ewiger Jugendschönheit in denselben lebt. Die

H 2 fran-

*) Freilich werden dergleichen Beispiele immer
seltener werden, seitdem man selbst auf Universitäten anfängt; die lateinische Sprache ohngefähr
mit den nämlichen Augen zu betrachten, mit
welchen iunge Stutzer eine ehrwürdige Matrone
im Kreise iunger Mädchen betrachten. Prophe-
ten gelten zum Unglück auch nicht viel, sonst
würde der Weltbürger prophezeihn, daß die wahre
Gelehrsamkeit des keinen Gewinn haben werde.

französische, englische und dänische Sprache ge-
horchen, seinen Lippen und seiner Feder, wie
die Muttersprache.   Seine Briefe und Auf-
sätze sind mit Attischem Salze gewürzt, und
mit Xenophontischer Anmuth geschmückt. Die
unter ihm arbeiten, genießen eine beständ-
ige Anleitung in der Kunst, richtig und
schön zu schreiben.   Selten kommt ein Auf-
satz oder ein Brief, der ihm eingereicht wird,
ohne Verbesserungen zurück.   Er hat in den
Tempeln der schönen Wissenschaften die Gunst
der Musen und Gratien gesucht, und sie durch
seine herzliche Ergebenheit und Verehrung so
sehr gewonnen, daß sie ihn unter die auserwählte Zahl ihrer Lieblinge aufgenommen
haben. Wollen Sie seinen Geschmack in der
Kunst bewundern, und einen Beweis sehn,
was er für ein richtiges Auge für dieselbe
besitzt, so suchen sie Gelegenheit, seine Woh-
nung und die Mahlerei und Verzierung in
den Zimmern zu sehn. Den ganzen Plan und
die einzelnen Angaben dazu theilt er nur
mit dem Erfindungsgeiste und feinen Ge-
schmacke seiner geistreichen Gemahlin.   Ich
hatte

hatte mir vorgenommen Ihnen ein Paar
Zimmer, die mich im eigentlichen Verstande
entzückt haben, zu beschreiben, aber mein Genius zupft mich in diesem Augenblick' am Ohr
und erinnert mich, zu meiner Demüthigung, an
den Rath, den Apelles jenem verwegenen
Schuster gab! — Ich muß Ihnen überhaupt
bekennen, daß ich schon längst bei diesem ganzen Briefe etwas ähnliches gefühlt habe, und
nie lebhafter überzeugt gewesen bin als ietzt,
wie bei weiten viel mehr, als guter Wille, dazu gehört, einen würdigen, grossen Gegenstand, ich will nicht sagen, in seiner ursprünglichen Schönheit, dem Seelenauge vorzumah-
len, sondern nur nicht zu entstellen! Doch
ich sehe, daß ich mich von meinem Ziele ent-
ferne! Um nicht über dem ängstlichen Suchen
eines bequemen Fußsteiges, der mich unver-
merkt wieder auf den rechten Weg führen
könnte, die Zeit zu verlieren, so erlauben Sie
mir, daß ich demselben in gerader Richtung
entgegen gehe! Zu den Geistesvorzügen des
Ministers von Hardenberg rechne ich vorzüglich noch seine schnelle, feine und scharfe

H 3 Ur-

Urtheilskraft, und die angenehme Gabe des
edlern Witzes, der Blumen unter die gesellige
Unterhaltung streut, Leben, Munterkeit, Scherz
und Fröhlichkeit verbreitet, ohne Wunden zu
stechen.   Unter seinen vielen und weitläuftigen
Kenntnissen zeichnet sich, nebst seiner grossen
Länderkunde, seine gründliche Kenntniß in der
vaterländischen Geschichte, in der Mineralogie
und in der Staatswissenschaft besonders aus.
Nicht blos Liebhaber, sondern Kenner der
Wissenschaften vereinigt er alle die Vorzüge in
seiner Person, die zu einem Vorsteher und Beschützer einer Universität erfordert werden.

Ein Mann, dem despotische Härte und
Selbstsucht, bei allen Verdiensten, die er sonst
besitzen mag, den Kopf verrücken, der nicht
im Stande ist den kleinsten Brief zu schreiben,
ohne seine Geschmacklosigkeit zu documentiren,
ein Mann der entweder in dem Cothurn ein-
herschreitet oder auf Stelzen geht, ein Mann
der seine Bildung als Mensch und Gesellschafter noch nicht vollendet, und sich mehr
in dem Gefühl seiner Wichtigkeit als in
den

den Wiſſenſchaften vertieft hat, iſt zu allen
andern eher fähig als zum Vorſteher einer Univerſität. Einſeitigkeit erzeugt überall Mis-
verhältniſſe, Ungerechtigkeit und Mängel. Aber
laſſen Sie einen Mann, der einer Geſellſchaft
von Gelehrten vorgeſetzt iſt, von dieſer Gei-
ſteskrankheit befallen ſeyn, ſo werden Sie ſehn,
daß weder Rechtſchaffenheit, noch Verdienſte
um den Staat, noch ausgebreiteter Ruf hin-
reichen, wider Verkennung, Druck und Verfol-
gung zu ſichern. Wehe dann den Wiſſenſchaften und der Geiſtescultur! Es giebt
keine Horaze ohne Mäcene! Das
Oberhaupt eines ganzen Corps von Männern zu ſeyn, deren verſchiedener Beruf
das Reich der Vernunft und alle Arten von
Wiſſenſchaften und Kenntniſſen umfaßt, wodurch dem Staate in jedem Zweige der Geſchäfte brauchbare Diener geliefert werden ſollen,
iſt von groſſer Wichtigkeit und wahrer Ruhm.
Nur der verdient einen ſolchen Poſten, der
ſich dadurch wahrhaftig geehrt fühlt, der als
Kenner, von warmer Liebe für die Wiſſenſchaften und des Staates Wohl beſeelt wird,

H 4   dem

dem seine Pflicht und die Vereblung des Menschen über alles heilig sind, und den der Adel
grosser Gesinnungen mehr als Geburt und
Stand erheben. Unter einer solchen Pflege
reifte Göttingen zu seiner gegenwärtigen Blü-
the empor. Erlang segnet die glückliche Schwe-
ster, aber sieht mit wohlgefälligem, zufriednen
Lächeln auf Harbenberg, den Edlen, und be-
neidet sie nicht! — Es giebt nicht leicht einen angenehmern Anblick, liebster Freund,
als das Verdienst an der Hand der Bescheidenheit wandeln zu sehn. Sie könnten Tage
lang mit dem Manne, wovon ich sie unter-
halte umgehn, und würden nicht merken, daß
Sie in der Gesellschaft eines so grossen Ministers eines mächtigen Königs wären. Ausser
seinem Berufe sehn Sie nur den erhabnen
Menschenfreund, den herrlichen Gesellschafter,
den herzlichen Freund, den innig geliebten
und innig liebenden Gatten in ihm! Immer
voll von den Pflichten die sein Beruf ihm
auferlegt, spricht er nie von dem, was er thut,
oder gethan hat. Der innere Lohn seines
Gewissens geht ihm weit über den äußern des
Ruhms.

Ruhms. Wir sind davon Beispiele bekannt
geworden, die mich zur liebevollsten Bewunderung hingerissen haben. Sie wissen was
Teutschland durch den Fürstenbund gewonnen,
und wie vielfältig das Gute ist, was es noch
von demselben zu erwarten hat. Und was
meinen Sie, wessen wahres Verdienst er
ist? — Hardenbergs Verdienst! Er entwarf
den Plan dazu, welcher durch den grossen
Herzog von Braunschweig, Friedrich dem Einzigen übergeben und durch diesen ausgeführt
wurde *). Sie können hieraus dasselbe lernen, was die Erfahrung so häufig predigt:
daß Verdienst und Ruhm sich nicht immer zu
einander verhalten, wie Ursach und Wirkung.
Dieser säet, und damit iener nicht müßig ist,
so erndtet er. Der Herzog von Braunschweig
liebte und schätzte den Mann, der so viel Segen über Ihre Landsleute bringt, als einen
grossen Minister. Durch einen glücklichen Zu-

H 5 fall

*) Der Verfasser dieser Briefe hat Hofnung diese
merkwürdige Thatsache durch authentische Beweise vielleicht bald einmal zum Vortheil der Geschichte documentiren zu können.

fall iſt mir im Jahr 1790 ein Brief des
Herzogs an den Grafen von Herzberg zu Ge-
ſichte gekommen, der dieß auf eine ausgezeich-
nete Art beweißt. Herzberg hatte, im Namen ſeines Königs, den Herzog erſuchen müſſen, daß er doch dem Beſtreben nicht zuwider
ſeyn mögte, den Miniſter von Harbenberg zu
bewegen, in die Dienſte Ihres damaligen Markgrafen zu treten. „Ich muß ſeine Entfer-
„nung, von der Leitung der Braunſchweigi-
„ſchen Geſchäfte, heißt es in der Antwort des
„Herzogs, als einen ſehr weſentlichen
„Verluſt (comme une perle très - eſſentielle)
„betrachten. Und nur mein hochachtungsvol-
„ler Eifer für die Vortheile Ihrer Majeſtät,
„und meine gänzliche Ergebung in Ihren
„Willen vermögen mich, Verzicht zu thun
„auf die Talente und Verdienſte eines Mi-
„niſters, den ich unendlich ſchätze.
„(que j'eſtime infiniment.) Zu Folge dieſer
„Geſinnung, die tief in mein Herz gegraben
„iſt, werde iſt nach Braunſchweig ſchreiben *),
„um

*) Der Herzog war zu Frankenſtein.

„um diesem Minister einen Abschied ausferti-
„gen zu lassen, wie ihn die a u s g e z e i c h n e-
„ten Dienste (les services distingués) die
„er dem Braunschweiger Lande und mir er-
„wiesen hat, fordern können.“ Hier sollte
ich meinen Brief, wenn ich in dem Augenblicke
meinen Vortheil vor Augen haben könnte,
abbrechen. Wie kann Sie noch irgend etwas,
das sich über einen so merkwürdigen Mann
sagen läßt, interessiren, nachdem Sie das
wichtige Urtheil eines der ersten, größten und
besten Fürsten Europas über seine Verdienste gelesen haben? Aber die Dankbarkeit für
die Mittheilung einer so köstlichen Nachricht,
verpflichtet Sie, mir die Wonne zu gönnen,
noch ein Paar Bemerkungen hinzu zu setzen.
Und wer weiß am Ende, welcher Theil
meines Briefs Ihnen am besten gefällt! Ich
habe Sie bisher aufmerksam zu machen gesucht auf das, was Hardenberg ist, um Ihnen
zu zeigen, welche Aussichten und Hofnungen
sich für Anspach und Baireuth in der nahen
und fernen Zukunft eröfnen. Wer stimmt nicht
mit mir ein, daß ein solcher Mann verdient,

eben

eben so zu den glückseligsten Menschen zu gehören, wie er zu den besten und verdienstvollsten gehört! Aber wo fließt die Quelle ächter Glückseligkeit, was kettet die besten Seelen mit seligem Vorgefühl der Ewigkeit an dieses Leben? Wo fanden die Weisesten, was tausende im Rausch' der Welt vergebens suchen? Was bleibt hienieden noch zu wünschen, für ein grosses tugendreiches Herz, und welches ist das Gut, das uns mit ewigem Zauberreiz, bis wir's erreichen, vor der Seele Augen schwebt? Ist's nicht ein edles treues Herz, das mit und für uns lebt, das Freud', und Leiden mit uns theilt und Blumen auf den Dornenpfad des Lebens streut? Und diese langgesuchte Glückseligkeit, mein Freund, ward endlich, nach Sturm und trüben Tagen, Hardenbergs, des Allgeliebten, Theil! Sie kennen seine Gemahlin, die Auserwählte seiner Liebe, und bewundern eben so sehr den schönen, edlen Körperbau, den sanften Liebreiz, die holde Freundlichkeit und Milde, die aus ihren Mienen sprechen, wie Sie das Herz verehren, das sich bei allen was sie thut und spricht, so rein-

ge-

geftimmt, fo liebenswerth, fo achtungswürdig
zeigt. Sie athmet Leben in der Zufriedenheit
und Freude ihres Gemahls; und ihm ift ihre
feelenvolle Zärtlichkeit die reinfte Quelle hoher
Lebenswonne. Man kann nicht leicht, zumal
in den höhren Ständen, ein Paar liebenswür-
digere Perfonen, durch eine fchönere Harmonie
des Geiftes und des Herzens, vereinigt fehn.
Sie verbindet mit der feinften Bildung eines
menfchenfreundlichen, wohlwollenden Charakters, und mit dem zarteften Gefühl des Angenehmen und Schönen, viele glänzende Vorzüge eines reifen Verftandes. In den
fchönen Gefilden der teutfchen Literatur ift
ihr keine Blume von Bedeutung und Werthe unbekannt. Hier luftwandelt fie und nährt
mit den Früchten vaterländifcher Fülle ihre denkende und fühlende Seele. Die Gei-
ftesfchätze des ftolzen Britten kennt und genießt fie in ihrer natürlichen Kraft und Schönheit, und Frankreichs holdfelig lächlende Mu-
fen befitzen eine vertraute Freundin an ihr!
Ihre Tracht ift einfach und gewählt, ohne
Ueberhäufung und ftolzes Gepränge, voll Ge-
fchmack

schmack und Gratie, ächte Kopie der unver=
fälschten Natur. Ihre liebste Unterhaltung
sind nicht lärmende Freuden, nicht Redouten
und Bälle, nicht Kartenspiel und geistlose
Zerstreuungen. Der Genuß inniger Seelen=
vereinigung mit ihrem Gemahl, der Umgang
mit gebildeten guten und geistreichen Men=
schen, Lektüre, weibliche Arbeit und ihr Forte
Piano, das sie meisterhaft spielt, sind die
Quellen ihrer angenehmsten Vergnügungen.
Das freundliche Wohlwollen ihres Betragens
gegen iederman ist nicht affectirte Artigkeit,
sondern der Ausdruck eines tugendhaften, von
Menschenliebe erwärmten Herzens. Schlie=
ßen Sie hieraus auf den Einfluß, den diese
edle Seelen auf die Verbesserung des geselligen
Tons in den beiden Fürstenthümern haben
werden. Die Wege zu ihren Herzen sind
Verdienste, Pflichteifer, Vaterlandsliebe, gute
Sitten und rechtschafne Gesinnungen. Wer=
den diese Vorzüge erst allgemein als der rich=
tige Maasstab des Menschenwerthes in den
Fürstenthümern anerkannt, so wird iene klein=
städtische Unterscheidung und Entfernung des
abli=

ablichen und bürgerlichen Standes von selbst
wegfallen. Man wird einander mit Wohlwollen und Achtung begegnen, die Summe
geselliger Glückseligkeit wird vermehrt, wahre
Tugend allgemeiner und der Grundsatz herr-
schend werden, sich nur des Umgangs dessen
zu schämen, der sich durch treulose, schlechte
Gesinnungen und Handlungen gegen Freunde,
Mitbürger oder das Vaterland einer veräcdt-
lichen Behandlung würdig gemacht hat. Wie
sehr müssen die allgemeine Wohlfart und der
Wohlstand des Landes nicht im kurzen erhöht
werden, weil iener Maasstab schon längst bei
der Wahl der Staatsbedienten aller Art ge-
braucht wurde. In B., das Hardenbergs
scharfem Blick' und brennendem Eifer fürs Beste
des Vaterlandes die Abstellung so vieler Unordnung und Verwirrung, so viele heilsame
Reformen und Verbesserungen verdankt, war
der rechtlose Misbrauch eingerissen, daß ieder
Von gebohrne den verdientesten Männern,
bei der Regierung so wohl als bei der Kammer
vorgezogen wurde. Ein gewisser Assessor v. R.
ein iunger Mann, wie man mich versichert
hat

hat, ohne Anmaſſungen und von guter Denkungsart, hielt bei dem Miniſter um eine Vergün-
ſtigung an, die man keinem Adlichen bisher verweigert hatte. Aber er erhielt durch ein eigen-
händiges Reſcript des Miniſters die Antwort,
daß er ſich erſt Verdienſte erwerben, und durch
Fleiß und Arbeitſamkeit in den Stand ſetzen
ſollte, dem Lande nützlich zu werden, mit
dem nachdrücklichen Zuſatz, daß man künftig
gar keine Rückſicht nehmen würde auf Stand
und Geburt, ſondern daß erworbene Geſchick-
lichkeit und erprobte Tauglichkeit allein An-
ſprüche gäben auf öffentliche Bedienungen ſo
wie auf weitere Beförderung und Belohnung.
Die Univerſität zu Erlang ſoll durch ein Reſcript des Miniſters ebenfalls aufgefordert
ſeyn, dem iungen ſtudirenden Adel daſelbſt dieſe
Grundſätze einzuſchärfen. Dergleichen Beſtre-
bungen von oben her, das Gute zu vermehren, ſollten billig öffentlich bekannt gemacht
werden! —

Da, Freund, haben Sie einige unvollkom-
ne Beiträge zur genauern Kenntniß eines Mannes

nes, der zu den merkwürdigsten unsers Jahrhunderts gehört. Ich hätte Ihnen noch manches zu sagen, aber meine Stunde ist noch nicht gekommen! — Unter denen die näher um ihn sind, kenne ich nur einen, aber von diesem einen könnte ich Ihnen ebenfalls viel vortrefliches und liebenswürdiges sagen. Der geheime Sekretär Koch, ganz eingeweiht in den Grundsätzen des grossen Ministers, ist einer der rechtschaffensten und arbeitsamsten Männer, die man finden kann. Seine Gewissenhaftigkeit, seine Diensttreue und seine Verschwiegenheit gleichen der Unerschütterlichkeit eines Felsen. Gutes zu thun, ist sein einziger Stolz. Jederman schätzt ihn, aber keiner mehr als der edle Minister. Doch werden Sie nicht hören, daß der Minister ihn im geringsten auszeichnet, wie grosse Herren ihre Lieblinge auszuzeichnen pflegen. Er erhält als geheimer Staatssecretär bis jetzt nur 500 Gulden am Gehalt, aber, Freund, die Glückseligkeit, von Hardenberg geschätzt zu werden, würden ihm mehrere tausend Gulden nicht aufwiegen!

J   Leben

Leben Sie wohl, lieber Freund, und fahren Sie fort mich ein bischen zu lieben. Kommt iemals der Augenblick, wo ich mir nicht länger in der allgemeinen Gestalt des Weltbürgers gefalle, und den Wunsch im Herzen fühle, durch engere Bande mit irgent einem Staate verbunden zu seyn, so wissen Sie, wohin mich mein Wanderstab führt. Wenn Gott ein Land segnen will, so giebt er ihm einen guten König wie Friedrich Wilhelm, und einen Minister wie Hardenberg.

An

Anhang
einiger Urkunden,

theils vollſtändig theils im Auszuge,
zur Beſtätigung der Angaben des
zweiten und dritten Briefs.

Nro. I*).

Belehnungs Urkunde worin der Kaiſer
Rudolph der Erſte dem Burggrafen
von Nürnberg Friedrich dem Dritten
im Jahr 1273 das Burggrafthum und
das Landgericht daſelbſt ertheilt hat.

Wir Rudolph von Gottes Gnaden Römiſcher
König allzeit Mehrer des Reichs, entbieten
allen, die dieſe Urkunde leſen werden, unſern
Gruß: Die Ehre unſrer Königlichen Hoheit
erfordert, daß wir einen ieden und alle die
uns mit Ehrfurcht und Treue dienen, auf

J 2   eine

*) Zu Seite 43.

eine würdige Art belohnen, damit Andre durch
die Hofnung der Wiedervergeltung desto zu-
versichtlicher zum Gehorsam gegen uns und
das Reich beseelt werden. Wir machen daher
bekannt und bezeigen öffentlich durch diese
Erklärung, daß wir unserm geliebten Friedrich, Burggrafen von Nürnberg, in Rücksicht
seiner uns erwiesenen Ergebenheit und Treue,
alle unten benannte Güter zusichern, näm-
lich: die Herrschaft des Burggrafthums, die
Burg die dazu gehört, die Besatzungsgerecht-
same über das Thor bei der Burg, das Land-
gericht zu Nürnberg, mit dessen Vorsitz zugleich
das Recht der oberrichterlichen Gewalt über alle
richtende Gerichte an Kaisers Statt verbunden
seyn soll. Ein Beamter des Burggrafthums soll
mit unsern Schultheiß zugleich in der Stadt
Nürnberg Vorsteher des Gerichts seyn. Von allem Gewinn, der aus diesem Gerichte, es sei
bei Mordthaten oder andern Vorfällen fließt, soll
derselbe Beamte zwei Theile ziehn. Jede Fa-
brick soll benanntem Burggrafen jährlich einen
Dukaten zahlen. Er soll auch die Schatzung
haben von allen unbeweglichen Gütern bis
an

an die Brücke, zu ieder Erndtezeit einen
Schnitter, das dritte Stück Wild, den dritten Baum aus dem Walde, und alles liegende
Holz in demselben. Das Forstgericht und
was dazu gehört, bis an die Brücke, die
Flecken Buch, Wöhrd, Schwand, das
Schloß Creußen, und die Gerichtsbarkeit
über das Kloster Steinach, zehn Pfund
Denarien von den Schultheißenamt zu Nürnberg, zehn Pfund von den Zöllen daselbst,
mit den übrigen Lehen, welche derselbe und
feine Vorgänger bekannter Maaßen von unfern Vorfahren erhalten, dieß alles treten
wir hierdurch ab als Lehn, nicht blos für
ihn, sondern aus besonderer Freigebigkeit und
Gnade auch für seine Tochter Maria, die
Gemahlin Ludwigs des Jüngern, Grafen von
Oettingen und seine übrigen Töchter, doch
mit der Einschränkung, daß, wenn diese Maria Kinder, männlichen oder weiblichen Geschlechts, erhalten, und der Burggraf selbst
ohne männliche Nachkommen sterben sollte, diese
Lehen bei der Maria und ihren Kindern, mit
Ausschließung der übrigen Töchter verbleiben

J 3

sol-

ſollen. Sollte aber Maria ſelbſt keine Kinder haben, ſo ſollen die benannten Lehen
nach dem Tode des Burggrafen, deſſen übrigen Töchtern zufallen. Ereignete es ſich aber,
daß genannter Burggraf mit der Zeit einen
Sohn oder Söhne erhielte, ſo iſt unſer Wille, daß die ſeinen Töchtern verliehene Gnade
ohne Vollziehung bleibe, und ſein Sohn oder
ſeine Söhne in allen Rechten folgen, die der
erwähnte Burggraf ihr Vater, in den ange-
führten Lehen beſeſſen hat. Damit dieſes unſer Verſprechen deſto mehr Gewicht und Kraft
habe und deſto heiliger gehalten werde, ſo haben wir dieſe Schrift mit unſerm eigenen In-
ſiegel verſiegeln laſſen. Gegeben zu Aachen
im Jahr des Herrn 1573 den 25 Oktober.

Lit-

Litterae Rudolphi Romanorum Regis, quibus Friderico Burggravio Norimbergenfi Burggraviatum et Iudicium Provinciale ibidem in Feodum conceffiit, die 28 Oct. Anno 1273. cf. v. Schütz, Corpus hiftoriae Brandenburgicae, in Syll. Diplomatum p. 100.

RVDOLPHVS DEI gratia Romanorum Rex femper Auguftus. Univerfis praefentem paginam infpecturis falutem et credere fub notatis. Regalis preeminentiae requirit honeftas, ut fingulos et univerfos devote nobis et fideliter famulantes condignis debeamus premiorum retributionibus prevenire, ut fpe remunerationis ceteri ad noftra et imperii obfequia confidentius animentur. Notum igitur effe volumus et praefentibus publice proteftamur, quod nos advertentes devotionem et fidelitatem dilecti nobis Friderici Burggravii de Nuremberch univerfa bona infra fcripta, videlicet: Comitiam Burggravie in Nuremberch, Caftrum quod tenet ibidem, cuftodiam porte fite prope idem caftrum, Judicium provinciale in Nuremberch, cui etiam vice Imperatoris omne judicium judicans prefidebit. Officialis ejusdem Burggravii

una

una cum fculteto noftro in civitate Nuremberch
judicio prefidebit. Et quicquid emolumenti de
ipfo judicio vel per homicidium vel quemcun-
que cafum alium provenerit, idem officialis
duas partes ejusdem lucri per fe tollet; dicto
quoque Burggravio queque fabrica in Nuremberch folvet unum folidum annuatim, cenfum-
que tollet ab omnibus areis ab altera parte
pontis, et, de quolibet tempore meffis, unum
mefforem, tertiam feram, tertiam arborem de
forefto, ac omnia ligna jacentia in eodem.
Officium de forefto ab ifta parte pontis cum
fuis attinentis, Villam Werde, Villam Buch,
Oppidum Swant, Caftrum Chrufen, Advoca-
tiam Cenobii in Steina, decem libras denario-
rum de officio Sculteti in Nuremberch, et decem libras de thelonio ibidem, cum reliquis
feodis, que idem et fui progenitores a noftris
antecefforibus ante habuiffe dinofcuntur, titulo
feodali conceffimus in feodo, non folum fibi
fed etiam ex liberalitate et gratia fpeciali Marie
fue, Uxori Ludovici junioris, Com. de Ottinga, et ceteris filiabus ejusdem Burggavii, fiç
tamen, fi eandem Mariam liberos, five mafcu-
lini five feminini Sexus habere contingat, et
decedere ipfum Burggravium fine liberis virilis
fexus, quod eadem feoda remaneant apud Ma-

riam

riam et liberos fuos, exclufis ceteris filiabus
Burggravii memorati. Sed fi ipfa Maria liberos non habuerit, dicta feoda ad reliquas filias
Burggravii ipfo mortuo devolventur. Si vero
dictum Burggravium temporis proceffu filium
habere contigerit vel filios, volumus quod cef-
fante gratia facta fuis filiabus, filius vel filii fui
fuccedant in univerfum jus, quod dictus Burggravius pater eorum habuit in feodis memora-
tis. Ad majorem itaque obfervantiam premif-
forum et roboris firmitatem fcripta prefentia
noftri Sigilli Karactere juffimus roborari. Datum
Aquisgrani Anno Domini M. CC. LXXIII. VII.
Kalend. Novembr. Indictione tertia.

Nro. II.

Churfürstliche Bestätigung der Rudolphi-
schen Belehnungsurkunde.

Wir bekennen hierdurch, daß Rudolph von
Gottes Gnaden, durchlauchtiger Römischer
König unser Herr, in unserer Gegenwart,
dem Burggrafen Friedrich alle Lehen, welche
sein Vater und andere seiner Vorfahren bis-

J 5   her

her von Sr. Königl. Majeſtät erhalten haben, geliehen und ihm die außerordentliche Gnade erwieſen hat, daß ſeine Tochter Maria, Gemahlin Ludwigs des Jüngern, Grafen von Oettingen, und ſeine andern Töchter in derſelben folgen können und ſollen, wozu wir unſere Beiſtimmung und Einwilligung geben. Aachen den 25 Octbr. 1273.

Notum effe volumus et prefentibus publice proteftamur, quod Rudolphus divina providentia inclitus dominus noſter, Romanorum Rex nobis prefentibus et videntibus conceffit Friderico Burggravio de Nuremberg in feodo omnia bona, que pater ipſius ac alii fui progenitores recipere et habere confweverunt a regia majeftate, et ex libertate confweta et gratia fpeciali indulfit, quod filia ipfius Burggravii Maria, vxor Ludovici, Comitis de Ottinga Junioris, et alii filie fue fuccedere poffint et debeant in eisdem fecundum tenorem et modum expreffum in litteris domini noſtri regis memorati noſtro confenfu et voluntate ad hoc per omnia accedente. Datum Aquisgrani 1273. d. VII. val. Nov. cf. v. Schütz

Nro. III.

Nro. III *).

Des Kaisers Karls des Vierten Bestätigung der Fürstlichen Würden und anderer damit verbundenen Vorrechte der Burggrafen von Nürnberg vom Jahr 1363. Siehe von Falkensteins Nordgauische Alterthümer Theil 3. S. 163.

Wir Karl der Vierte, von Gottes Gnaden Römischer Kaiser, allzeit Mehrer des Reichs und König von Böhmen, erklären hierdurch zur immerwährenden Nachricht: Unsere Herrlichkeit ist zwar durch die glaubwürdigsten Zeugnisse schon lange unterrichtet, wie die angesehnen Burggrafen von Nürnberg von alten Zeiten her gleichen Rang mit den Durchlauchtigen Fürsten genossen haben, und noch ietzt in allen Stücken Fürstliche Würde behaupten; weil aber einige ihrer Vorgänger diese Vorzüge und Ehrenrechte einiger Maaßen vernachläßigt und nicht mit der

Sorg-

*) Zu Seite 50.

Sorgfalt in Ausübung gebracht haben, daß
sie iederman bekannt geblieben wären, wie
es die Würde und Ehre dieses Burggräflichen
Standes mit Recht erfordert hätten, so geht,
in Betrachtung daß das Burggrafthum Nürnberg ein edles Glied des heiligen Reichs ist,
unsre wohlmeinende Absicht dahin, daß diese
Burggrafen mit ihren Erben und
Nachkommen im Besitz aller dieser
Ehrenrechte, Vergünstigungen und
Würden unter dem Schutz der Kaiserlichen Gnade ungekränkt auf immer verbleiben sollen. Aus diesen
Betrachtungen und mit Berathung der Fürsten, Grafen, Baronen und Edlen des heiligen Reichs, meinen, erklären und sagen wir,
kraft der Fülle unserer Kaiserlichen Gewalt:
daß Friedrich, berühmter Burggraf von Nürnberg, dessen Erben und Nachfolger des Nürn-
bergischen Burggrafthums, die Rechte, Würden, Freiheiten und Ehren, der durchlauchtigen Fürsten des heil. Römischen Reichs auf
Ewig besitzen und genießen sollen, in den Gerichten, in allen andern Vorfällen und Ge-
schäf-

ſchäften, welcher Beſchaffenheit ſie ſeyn, oder
was ſie für einen beſondern Namen führen
mögen. Und namentlich ſollen ſie

1) die Gewalt haben, wie die Fürſten
des heil. Römiſchen Reichs nach angeſtellter
genauer Unterſuchung Rechtsſprüche zu thun
in allen Proceſſen und Geſchäften, ſie mögen
den Körper, Sachen oder Ehre betreffen, und
das am Kaiſerlichen Hofe, oder wo es ſich
ereignen ſollte, daß ſie den Vorſitz in Gerichten führen.

2) Meinen, erklären und ſagen wir, daß
die Leute der vorgenanten Burggrafen, ihrer
Erben und Nachfolger, das heißt, ihre Soldaten, Klienten, Richter Bürger und Bauren,
ieder in ſeinem Stande alle Rechte, Ver-
günſtigungen und Vorzüge genießen ſollen, in
Abſicht auf Körper, Ehre, Güter und in allen
Proceſſen und Angelegenheiten, ſo wie ſie die
Leute anderer Fürſten beſitzen und genießen,
wie den auch die Burggrafen und ihre Leute
bekannter Maaßen dergleichen Freiheiten bis
auf gegenwärtige Zeiten entweder durch
Ver-

Verjährung oder von Rechtswegen ununter-
brochen benutzt haben.

3) Meinen, erklären und sagen wir, daß die
Leute der genannten Burggrafen, ihrer Erben
und Nachfolger, das ist, ihre Soldaten, Klienten, Richter, Bürger, Bauren und alle Diener
und Unterthanen, alle ihre Güter und ihre
Leute, vor keinem andern Gerichte als vor den
Burggrafen selbst und ihren Richtern können
belangt werden, und nicht verpflichtet sind
anderswo zu erscheinen oder iemanden auf die
Klage zu antworten. Sollten sie aber wider
gegenwärtiges Gebot unserer Bekanntmachung
vor fremden Gerichten vorgefordet werden, so
erklären wir die Vorladung selbst, den richterlichen Ausspruch und alles was daraus folgt,
für unkräftig unstatthaft und nichtig.

4) Indem wir mit der Schärfe unsers
Verstandes sorgfältig die angenehmen, treuen
und vieljährigen Dienste erwegen, welche die
vorerwähnten Burggrafen von Nürnberg, ihre
Ahnen und Vorfahren, wie iederman weiß,
uns und dem heil. Römischen Reiche bisher
er-

erwiesen haben, und in der Folge immer vollkomner erweisen werden und können, so
übergeben wir ihnen, ihren Erben und Nachfolgern, durch eine förmliche Abtretung als
wahres und ewiges Lehn, alle Gold-Silber-
Kupfer-Eisen-Bley-und Zinngruben, so
wie alle übrige Arten von Minen, die auf ihren Gründen und in ihren Besitzungen bisher
entdeckt worden sind, oder in Zukunft noch
entdeckt werden, so daß sie dem ganzen Er-
trag derselben, zu ihrem eignen Nutzen und
Vortheil nach Gutbefinden verwenden können
und sollen, und daß sie, ihre Erben und Nachfolger alle diese Bergprodukte, Minen und
alles was davon abhängt, mit allen Rechten
und Vortheilen, so wie unsre Majestät und
das heil. Römische Reich sie bisher besessen
haben, als wahres und beständiges Lehn zu
allen Zeiten und ohne alle Hinderungen in-
ne haben und besitzen sollen. Und wenn
wir, oder einige unserer seligverstorbenen Vorfahren, Kaiser oder Könige, vielleicht einigen
Fürsten, Grafen, Freiherrn, Dienerschaften,
Soldaten, Klienten, Städten, Flecken, Klö-
stern

stern u. s. w. einige dergleichen Vergünstigungen, Rechte Freiheiten bisher verliehen hätten, oder in Zukunft verleihen würden, wodurch die Burggrafen von Nürnberg, ihre
Erben und Nachkommen, ihre Herrschaft, das
Landgericht zu Nürnberg, geschwächt oder gekränkt wären, oder in Zukunft gekränkt und
geschwächt werden könnten, so erklären wir eine solche Schenkung, die gegenwärtiger Ver-
willigungsacte zuwieder wäre, für unverpflich-
tend und kraftlos auf immer.   Niemanden
sei daher erlaubt, diese schriftliche Erklärung
unsrer Willensmeinung, unseres Beschlusses
und Verbots zu entkräften, oder derselben auf
irgent eine thörigte Art entgegen zu handeln,
bei Strafe von 1000 Mark des reinsten Gol-
des, welche diejenigen, die diesen Beschl
übertreten werden, so oft unerlaßbar erlegen,
sollen, als sie sich der Uebertretung schuldig
machen.   Die eine Hälfte der Strafe soll in
den Kaiserlichen Schatz fallen, und die andere
dem Gekränkten zu Gute kommen.   Diese
Strafe mag nun im vorkommenden Ueber-
tretungsfall wirklich erlegt seyn oder nicht, so
ist

ist es dennoch immer unsere Absicht, daß die
vorgenannten Freiheiten, Vorzüge, Versiche-
rungen und Gnadenerweisungen, unter allen
Umständen, und von Wort zu Wort,
wie sie oben ausgedrückt sind, ohne die mindesten Hindernisse, ver-
pflichtende Rechtskraft behalten
sollen.

Karl der Vierte re.

CAROLVS IIII. Divina favente clementia
Romanorum Imperator semper Augustus, et
Bohemiae Rex, ad perpetuam rei memoriam.
Quamvis rationabili fide dignorum testimonio,
dudum informata sit nostra Serenitas, qualiter
Spectabiles Nurmbergenses Burggravii, ab anti-
quo tempore, Nobilitate sua, Illustribus Principibus parificati sint, et fuerint, et adhuc in
omnibus et singulis Nobilitate Principum poti-
antur: quia tamen nonnulli Praedecessores eorum, hujusmodi libertates et honores in aliqua
parte sic neglexisse noscuntur et eos prosequuti
non sint tali diligentia, quod in hominum com-
muni permaneret notitia, sicut dignitas et ho-
nor officii Burggraffiatus hujusmodi merito re-
quirebat: Quapropter attendentes, quod Burg-

K   graf-

graffiatus Nurmbergenfis, Sacri Imperii nobile
membrum exiftit, ad hoc intentio noftra ratio-
ne fuadente dirigitur, quod iidem Burggravii,
heredes et fucceffores eorum, penes hujusmodi
honores, gratias et dignitates, adjutorio Imperialis clementiae rite permaneant in futurum. Et
ob hoc animo deliberato, Principum, Comi-
tum, Baronum et Procerum Sacri Imperii accedente confilio, de certa fcientia et de Imperialis poteftatis plenitudine, fententiamus, declaramus et dicimus: Quod Spectabilis Fridericus
Burggravius Nurmbergenfis, haeredes et Suc-
ceffores fui Burggravii Nurmbergenfis, in perpetuum Illuftrium Principum Sacri Romani Imperii juribus, dignitatibus, libertatibus et ho-
noribus gaudere et potiri debeant in Judiciis et
in omnibus aliis caufis et negotiis, quaecunque
fint, aut quibus valeant fpecialibus nominibus
appellari.

1) Et nominatim, quod poteftatem habeant, cum Sacri Imperii Principibus adinve-
nire, diffinire, et dare juris fententias, fuper
caufis et negotiis, five corpus five res confpi-
ciant vel honorem, et hoc in Imperiali Curia,
vel alibi, ubicunque continget, Principes praefi-
dere judiciis.

2) Sententiamus, declaramus et dicimus
etiam, quod praefatorom Burggraffiorum Nurmberg.

bergenſium, haeredum et ſucceſſorum ſuorum homines, in perpetuum, puta milites, clientes, judices, cives et ruſtici, quilibet in ſuo ſtatu, omnibus juribus, gratiis et praerogativis, frui et potiri debeant, in rebus, honore, bonis et omnibus aliis cauſis et negotiis ſuis, quibus homines aliorum Illuſtrium Principum Imperii potiuntur et gaudent, quemadmodum ipſi Principes et homines eorum, hujusmodi libertates usque ad haec tempora continuaſſe noſcuntur, antiqua conſvetudine, vel de jure.

3) Sententiamus, declaramus et dicimus etiam, quod antedictorum Burggraffiorum Nurmbergenſium haeredum et ſucceſſorum ſuorum homines, in perpetuum, videlicet Milites, Clientes, Judices, Cives, Ruſtici et omnes ſervitores, ac ſubſides eorum, et omnia bona, et homines ipſorum, coram nullo alio judice, niſi coram ipſis Burggrafiis Nurmberg, et eorum Judicibus, citari poſſint, aut valeant, neque obligati ſint alibi comparere aut reſpondere cuiquam de objectis. Si vero adverſus praeſens declarationis noſtrae Edictum, ad aliqua aliena judicia citarentur, et tunc decernimus, ipſam citationem ſententias, et omnia inde ſequentia, carere viribus, et nullius eſſe roboris aut momenti.

4) Con-

4) Confiderantes etiam, et in noftrae men-
tis acie folicite revolventes, grata, fidelia, et
dudum continuata fervitia, que nobis et Sacro
Imperio praefati Burggravii Nurmbergenfes progenitores et predeceffores eorum, hactenus fe-
ciffe nofcuntur, et facere debebunt et poterunt
praeftantius in futurum, ipfis, haeredibus et
fucceffloribus eorum in perpetuum, de fpeciali
gratia, ac de certa noftra fcientia, conceffimus,
contulimus, concedimus, conferimus, in verum
ac perpetuum feudum, omnes auri, argenti,
cupri, ferri, plumbi, ftanni, ac omnium mine-
rarum montana et fodinas, quae in ipforum ter-
ris et dominiis inventae funt hactenus, feu re-
pertae fuerint in futurum, conditione tali, quod
ipfi omnes fructus eosdem, in utilitatem et
commodum fuum proprium convertere et ap-
plicare poffint et debeant, juxta fuae beneplaci-
tum voluntatis, quodque ipfi, haeredes et fucceffores eorum in perpetuum, eadem montana,
mineras et omnia ab eis dependentia, ficut ad
noftram Majeftatem, et Sacrum Imperium per-
tinuiffe nofcuntur, cum omnibus juribus et utili-
tatibus in verum et perpetuum feudum, omni
tempore habere et poffidere debeant, impedi-
mento quolibet procul moto. Sique nos vel
Praedeceffores noftri Divi Romani Imperatores .

vel

vel Reges, aliquibus forte Principibus, Comiti-
bus, Baronibus liberis, Miniſterialibus, Militi-
bus, Clientibus, Civitatibus, Oppidis, Monaſte-
riis, ſeu quibuslibet aliis, aliquas tales gratias,
jura et libertates dediſſemus hactenus, ſeu dare-
mus impoſterum, quibus antedicti Burggravii
Nurmbergenſes, haeredes et ſucceſſores eorum
nec non ipſorum dominia, et judicia provincia-
lia in Nurmberg, debilitata forent aut laeſa, in
aliquo laedi vel debilitari poſſent impoſterum,
decernimus, quod eadem donatio, ſeu donatio-
nes, adverſus praeſentis noſtrae declarationis
indultum, nullam vim habeant, ſeu poſſint habere aliqualiter in futurum. Nulli ergo hominum liceat hanc noſtrae declarationis, decreti,
et inhibitionis paginam infringere, ſeu ei quo-
vis auſu temerario contraire, ſub poena mille
marcarum auri puriſſimi, quam ab eis, qui con-
trafecerint, toties quoties contrafactum fuerit,
irremiſſibiliter exigi volumus, et ejus medieta-
tem noſtri Imperialis aerarii, ſive fiſci, reſidu-
am vero partem injuriam paſſorum uſibus, decernimus applicandam. Qua poena ſoluta, vel
non, ſemper noſtrae intentionis exiſtit, quod
praefatae libertates, privilegia, literae et gratiae,
ſub omnibus modis, ac de verbo ad verbum,
prout expreſſantur ſuperius, absque impedimen-
to quolibet, in ſuo robore perſeverent.

R 3   Nro.

Nro. IV *).

Belehnungsurkunde, worin der Kaiser Sigismund den Burggrafen Friedrich den Sechsten zum Churfürsten, Erzkämmerer und Markgrafen von Brandenburg ernennt.

„Wir Sigmund von GOttes Gnaden,
„Romischer Kunig ꝛc. Bekennen und tun kunt
„ofenbar mit disem Brif, allen den, di in
„sehen oder horen, lesen, wan wir siber der
„Zite und wir zu Romischen Kunig erkorn
„sint, allzyt betrachtet habn, das uns und
„dem H. Rom. Riche unbequemlich were, wo
„di Zal der syben Kurfursten, sindemal di
„deselbn Rischs vordristen Gelider und als ve-
„ste Sule sind, daruf es gebuet ist, unerfül-
„let belieben solte, und wan wir den Hoch-
„geborn Friberich, Marggraven zu Branden-
„burg, des H. R. Reichs Erz-Cammerer und
„Burggraven zu Nurnberg, unsern liben
„Oheim und Kurfursten, so rebliche, veste,
„biber-

*) Zu Seite 51

„biderle, vernunftige und getreue in alln
„Sachn allzyt erkant und befunden, und auch.
„solich gute ganze und ungezweifelich Zuver-
„sicht zu im habn, das wir zu GOtt hofen
„und genzlich getrüen, Er sy des furtreffenden
„Kurfurstentums der Mark zu Brandenburg
„sinr Kur und Zugehorung wol wirdig und
„werde, und moge die auch redlich vernunftig
„und rehtlich ußrichten, verwesen und um
„uns und das Riche verdinen, dorum die
„vorgen Zale der Kurfursten wider zu er-
„fullen, und angesehn und gutlich betrachtet
„des H. Rom. Richs, des gemeinen Hoffe,
„wir izund in der Stat zu Costenz bey dem
„H. Concilio des daselbs in Eynickeite des
„H. Geistes gesamet ist, gegenwerticlich hal-
„ten, Ere, Nuz, und Bestes, und ouch izgen
„Friderich Redlikeite, Vestikeite, Biderbkeite
„und Vernunfte und sunderlich sin willig un-
„verdroßen nuze und getreue Dinste, die er
„uns und dem Ryche lang Zyt getan hat,
„teglich tut und furbas tun sol und mag in
„kunftigen Ziten, haben wir, als wir in un-
„ser Kuniglichen Majestäte zu Costenz saßen,

mit

„mit wohlbedachtem Mute, gutem und einhelli-
„gen Rate difer nachgefchriben unfer und des
„Richs Kurfurften, Furften, Geiftlicher und
„Werntlicher, Graven, Edler und Getreuer,
„den vorgen.   Fribrich zu dem vorgen. Kur-
„furftentum ußerforn, und in ouch darzu ge-
„vordert und gerufen, und im alfo das vor-
„gen. Kurfurftentume, die Marfe zu Bran-
„denburg mit famt der Kure darzu gehorende,
„und fuft ouch mit allen und iglichen iren
„Herlifeiten, von den Eren, Rechten, Man-
„fchafften, Gerichten, Wildpennen, Zollen,
„Geleytten, Stetten, Sloßen, Dörfern,
„Eckern, Wyfen, Holzern, Waßern, Wey-
„hern, Wunen, Weyden, Landen, Luten, Zinn-
„fen, Gülten, Renten, Nuzen, Gutern und
„Zugehörungen, wi man dan di mit funder-
„lichn Worten benennen mag, nichz ußgeno-
„men, alsdan das von uns und dem Riche
„zu Lehen ruret, gnädiclich und mit folicher
„Zierheit, als fich dan das geburt hat, uf
„diefen Tag, als difer Brif gegeben ift, im
„Namen der H. Drifaltifeit, verliehen, was
„wir im dan doran von Gnaden und Rechts-
                                              wegen

„wegen verlihen solten, bi furbas mere im
„und sinen Erben von uns und dem Riche zu
„Lehen zu haben, zu halten und zu niessen,
„als dan Kurfursten und der vorgen Marke
„Lehen, Rechte und Herkommen sind, von al-
„ler. meniglich ungehindert, uns hat ouch der
„vorgn. Friderich gewonlich Gelúbd und Eide
„doruf getan, uns und dem Riche getrue, ge-
„horsam und gewertig zu sin und zu thun und
„zu bienen, alsban des Richs getruer Kur-
„furste sinem rechten Herrn, dem Rom. Kunig,
„zukunftigen Kayser pflichtig zu tund ist, on
„all Geverde, und dieser vorgeschribn Sache
„sind Gezeugen, und habn uns die ouch zu
„tund geraten, bie Erwirdigen Johans Erz-
„bischof zu Rige, Georg zu Passau, Raban
„zu Spire, Albrecht zu Regensburg, Niclaus
„zu Meyseburg, und Johanns zu Lubus Bischo-
„ve, und Johanns erwehlter zu Brandenburg
„und di Hochgeborn Rudolf Herzog zu Saysen
„und zu Lunemburg, des H. Richs Erz Mar-
„schalck unser lieber Oheim und Kurfurst, Al-
„brecht Herzog zu Saysen und zu Lunemburg,
„Ernst und Wilhelm Gebrúdere alle dri Pfalz-

K 5   gra-

„graven bey Rin und Herzogen in Beiern,
„und Fridrich Marggrave zu Missen und Land-
„grave in Doringen, unsre libe Oheimen und
„Fursten, die Edlen Ludwig Grave zu Otin-
„gen, Graf Gunter von Schwarzburg, Eber-
„hart Grave zu Nellenburg, Grav Conrad
„von Friburg, Grav Hanns von Lupfen, Al-
„brecht von Hohenloch, Albrecht Schencke,
„von Lansberg, Houpt von Bapenheim unser
„und des Richs Erbmarschalck und vil ander
„unser des Richs Edel und Getruen, mit Ur-
„kund bis Brifs versigelt, mit unser Kunigli-
„chen Majestast Insigel, geben zu Costenz nach
„Chrifts Geburt vierzehenhundert Jar und dor-
„nach in dem sibenzehenden Jar an dem achze-
„henden Tag des Mondes Aberellen, unserer Ri-
„che des Ungrischen in dem ein und drißigsten
„und des Romischen in den sibenden Jaren.“
Siehe Jungs Fortsetzung der Genealogie von
den Durchlauchtigsten Herrn Burggrafen zu
Nürnberg ꝛc. Onolbach 1735. S. 136—139.

Nro.

Nro. V*).

Teſtament des Burggrafen Friedrichs des Sechſten, worin die Erbfolge unter ſei-nen Söhnen beſtimt wird, im Auszuge.

Wir Friedrich von Gottes Gnaden, Marg-graf zu Brandenburg, des heil. Römiſchen Reichs Erzkämmmerer und Burggraf zu Nürn-berg, bekennen und thun kund öffentlich mit dieſem Briefe, allen denen die ihn ſehen, hören oder leſen, daß Wir von väterlicher Treue, Ordnung und natürlichen Liebe, die Wir haben zu den Hochgebohrnen Fürſten, Unſern lieben Söhnen Johannſen, Friedrich, Albrechten und Friedrichen, Marggrafen zu Brandenburg und Burggrafen zu Nürnberg, zwiſchen denſelben unſern Söhnen mit Ihrem guten Willen bered und beteidigt haben, wie Wir alle Vier ſetzen, ordnen und theilen, daß Sie Uns das ohne alles Widerſprechen gefol-gig und gehorſam ſeyn ſollen und wollen, als Sie Uns das dann zu halten, zu thun und zu voll-

*) Zu Seite 53.

vollführen, mit Handgebender Treue gelobt
und versprochen haben.

Zum erften haben Wir beredt, beteidigt,
geordnet und geſetzt, ob geſchehe, da Gott
lange vor ſey, daß Wir mit Tode abgingen,
ſo ſollen die Lande in der Mark und das Marg-
graffthumb mit der Chur, auf die obgeſchrie-
bene Unſere Söhne, Friedrichen und Friedrichen kommen, doch daß Unſer Sohn der Elter
die Chur habe Sein Lebtage, und Sich des
Heil. Röm. Reichs Ertz-Cämmerer nach unſerm Tode ſchreibe, und nicht ſeine Söhne
nach ſeinem Tode, ſondern die Chur und ob-
geſchriebner Titel ſoll nach Seinem Tode auf
Unſern Jüngſten Sohne Marggraff Friedrichen
kommen, und nach des Tode ſoll dann die
Chur und Titel auf den Elteſten Sohn Unſers
Sohns Marggraff Friedrichs des Eltern, ob
er einen Weltlichen Sohn lieſſe, kommen und
fallen. Wann ſich derſelbe Chur-Titels und
Würdigkeit Unſer Sohn Marggraff Johannes
mit Willen ergeben hat, und deſſelb Marg-
graffthumb zu Brandenburg ſoll alſo getheilt
wer-

werden, daß die Neumarck, die Ucker und das
Land zu Sternberg mit ihren Zugehörungen
ein Theil sey, so soll die Alte-Mark und
Prignitz mit ihren Zugehörungen der andre
Theil seyn, und die obgeschriebene beide Lande
und Theil, mit allen ihren Herrlichkeiten, Herr-
schaften, Lehen und Zugehörungen sollen nach
Unserm Tode den obgenandten Unsern Söhnen Friedrichen und Friedrich, und Ihren
Männlichen Leibes-Erben zugefallen seyen
und bleiben, ohne alle Hinderniß anderer Unserer Söhne, Ihrer Brüder und Ihrer Erben, doch allso, daß Dieselben Unsere Söhne
Friedrich und Friedrich von dato dieses Brieffes über 16 Jahr keine Theilung der obge-
schriebenen Lande der Marck thun sollen, wann
aber die 16 Jahr ganz vergangen seyn, wollen dann Dieselbe Unsere Söhne Friedrich
und Friedrich oder Ihre Männlichen Leibes-
Erben nicht länger mit solchen Landen bey
einander bleiben, so mögen und sollen Sie
alsdann eine Theilung derselben Landen in ob-
geschriebner Maaß, auff ein Loß thun und
was dann Ihr iglichem Unseren Söhnen das
Loß

loß an den obgenannten Landen und Theilen
giebt, dabey soll Ihr jeglicher alsbann bleiben,
und die Theilung soll also geschehen, welches
Land der Marck oder welcher Theil besser wäre dann der andre, so soll dem bessern Theil
abgenommen und dem mindern Theil zugegeben werden mit Schlössern, Städten, Gütern
und Nutzungen, die dem andern Land und
Theil deme zugegeben soll werden, allergele-
genst, nnd dem andern Theil allerunschädlichst
seyn.

Wir haben auch zwischen den obgenanten
Unsern Söhnen Friedrich und Friedrichen beredt und beteidigt, wenn daß Ihr einer stür-
be oder abgienge und Söhne hinter Ihm ließe,
so soll der andre Unser Sohn, der im Leben
bleibt, derselben Söhne, oder Sohnes Herrschaft, Würdigkeit, Land, Leute und Güter,
getreuer Vormund seyn, als lange bis Sie zu
Ihren Tagen Achtzehen Jahr alt kommen.

Wehre aber, daß nach Unserm Tode Unser ehrgenannten Söhne, Friedrich und
Friedrich einer abginge, und nicht Söhne hinter

ter Ihm liesse, ober ob er Söhne hinter Ihm liesse, gingen dann dieselben Söhne auch abe, so sollen alles des Land, Leute und alle Güter, auff den obgenannten Unsern lieben Sohn und seinen Erben gefallen, ungehindert und unein-sprechlich ohn alles Gefehrde.

Wehre aber, daß die ehegenannten Söh-ne, Friedrich und Friedrich beide nach unserm Tode ohne Männliche Leibes-Erben mit To-de abgiengen, so sollen alsdann die obgeschrie-benen Lande der Mark zu Brandenburg mit sambt der Chur-Würdigfeit und Zügehörung auff Unsere Söhne Johansen und Albrechten Marggraffen zu Brandenburg und auff Ihre Männlichen Leibes-Erben, den dann die Lan-de zu Franken und auff dem Birge zugetheilt sind, kommen und gefallen, doch daß der El-tiste alsdann die Chur habe, von Männiglich ungehindert, auch soll besgleichen und in obgeschriebener Maaße mit den-selben der Lande zu Franken und auff dem Birge also auch gehalten werden.

Des

Des Alles zu Urkund haben Wir Unser
Insiegel an diesen Brieff hängen lassen; Und
Wir Johannes, Friedrich und Albrecht, Ge-
brüder Marggrafen zu Brandenburg und Burggrafen zu Nürnberg bekennen öffentlich, Uns
und für Unsern jüngsten Bruder, Marggraff
Friedrich, daß Wir Uns mit sambt Unsern
lieben Herrn Vater gemechtigt haben, und
für alle Unsere und Seine Erben, daß diese obgeschriebene Theilung, Ordnung und
Satzung, mit Unsern freyen guten Willen,
Wissen und Wort zugangen und geschehen
ist, und das alles Brüderlich mit einander vereinet haben, und auf Unsern lieben Herrn und Vatern, kommen und gan-
gen sind, wie er uns setzet, ordnet und theilet,
so Er dann itzund gethan hat, das sollen und
wollen Wir Ihm, ohn alles Widersprechen
gefolgig und gehorsam seyn. Als Wir das
dann zu halten demselben Unsern lieben Herrn
und Vatern mit Handgebender Treue gelobet,
geredt und versprochen, auch daß nun zu
mehrer Sicherheit zu den Heiligen Eydte in
diesem Brieff geschworen haben und schweren

in

in Krafft dieses Brieffs und haben Unser jeglicher Sein eigen Insiegel zu des obgenanten Unsers lieben Herrn und Vaters Insiegel an diesen Brieff gehangen, der gegeben und geschehn zu Plassenburg am Freytag nach St. Bonifacii, nach Christi Unsers Herrn Geburth, Vierzehn Hundert Jahr, und darnach im Sieben und dreyßigsten Jahr. Siehe In Jure et Facto gegründete Facti Species etc. Berlin 1718. S. 128. ff.

Nro. IV*).

Testament des Churfürsten und Burggrafen Albrecht Achilles, vom Jahr 1473, in einem wesentlichen Auszuge.

Wir Albrecht von Gottes Gnaden ꝛc. bekennen und thun kund öffentlich mit diesem Briefe, wieUnser lieber Herr und Vater, Unsere lieben Brüder und Uns, als Seine Söhne bei seinem Leben geeinet, und in freund-

£ lich

*) Zu Seite 53 und 54.

lich und brüderlich Vertrag gesetzt hat, nach laut dem Briefe und Verschreibung, von S. Lbb. darumb gemacht und ausgangen, wie es nach Seinem Tode, zwischen Uns gehalten werden sollen; So haben wir denselben Seinen Fußstapfen nachzufolgen, mit Willen, Wissen und Volwort der Hochgebohrnen Fürsten Unserer lieben Söhne, Herrn Johannsen und Herrn Friedrichs, als der Eltisten, Ihr selbst, auch Unser und Ihrer Land, Leute und Güter geordnet und gesetzt; Ordnen, machen, setzen und wollen mit und in Krafft dieses Briefs,

1) daß nach unserm Tode, Unserm Eltisten Sohn, Marggraf Johannsen, und Seinen Männlichen Erben, die Marck zu Brandenburg, mit allen ihren Landen, Leuten, Schlossen, Zollen, Geleiten, Lehnschaften, Gerechtigkeiten u. s. w. die seint Unsers lieben Herrn Vaters Theilung, zwischen Unsern Brüdern seligen und Uns geschehn, zu der Marck zu Brandenburg kommen und bracht seindt, Ihm und Seinen Männlichen Erben folgen und zustehn soll.

2) So

2) So soll das Land zu Franken, mit allen seinen Schlossen, Städten, Lehnschaften, Herrlichkeiten u. s. w. wie Wir das nach Innhalt Unsers lieben Herrn und Vaters Theilungs-Brief innegehabt haben, mit dem was Wir darzu erkauft haben, der Andre Theil seyn. Und das Land auf dem Gebirge und in dem Voigtland, mit allen — wie solches alles und iedes Unser lieber Bruder, Marggraf Johannß seliger, nach Ausweisung der versiegelten Theil-Briefe, von Unsern Vater seligen darüber ausgegangen, innegehabt hat, soll der Dritte Theil sein. Und diese Beiden Land sollen zwischen den Andern Unsern zweyen Söhnen, Marggraf Friederichen und Marggraf Siegmunden, oder Ihr iedes Männlichen Ehligen Erben, nach Unserm Tode uff ein Loß getheilet werden. Doch sollen alle Bergwerke in beiden Landen zu Franken, auch das Kayserlich Land-Gericht zu Nürnberg den zweyen Unsern Söhnen und Ihren Männlichen Ehelichen Erben, zugleich zustehn. — Und ob es zu Fällen käme, daß der genannten Unserer Söhne einer mit Tode

L 2   ab-

abgienge, ſo ſoll ieglicher ehelicher Sohn ſeinen
Vater erben. Wo aber geſchehn, daß Unſer Sohn, Marggraf Johannß, dem als den
Eltiſten das Churfürſtenthumb und die Land
der Mark zu Brandenburg zuſteht, nicht
männliche, eheliche Leibes-Erben nach Ihm
verlieſſe, ſo ordnen, ſezzen und wollen Wir,
daß alsdann der Eltiſte Unſer Sohn, das
Churfürſtenthumb und die Land der Marck zu
Brandenburg an ſeines Theils Statt haben ſoll.
Und der Elter Unſer Sohn, der Geiſtlich
worden ſein ſollt, ſoll an Seiner Statt zu dem
Theil, den Er im Land zu Franken gehabt
hätte, oder Ihm werden ſollte, kommen und
darbey bleiben, und ſoll damit für gehalten
werden von einem Uuſern Sohne, uff den
Andern, doch ſo, daß nicht mehr, dann drey,
die Eltiſten Unſere drey Söhne der obgenannten dreyen Land, werntlich Regierende Fürſten ſeind. — Lieſſen Wir aber nicht mehr
dann zween werntliche Söhne, und daß übrige Unſere Söhne alſo tief Geiſtlich worden
wären, daß Sie nicht Werntlich werden möchten, ſo ſoll die Marck zu Brandenburg, mit

allen

allen ihren Zugehörungen, ein Theil, und
beyde Land zu Franken, der andre Theil sein,
und soll der Eltiste Unser Sohn die Wahl haben, zu nehmen, welchen der itztgenannten Theil
Er will. Und ob es zu dem Fall käme, daß
nicht mehr, dann ein Sohn werntlich, und
die andern so tief Geistlich wären, daß sie
nicht werntlich werden möchten, so soll derselbe werntliche Sohn und seine Erben, die
Land in der Marck zu Brandenburg, und
auch in Franken, mit allen ihren Zugehörungen besitzen, innehaben und behalten.

Ferner ordnen Wir, ob Wir nach Unserm
Tode mehr dann drey Söhne, auch Töchter
hinter Uns unberahten verliessen, daß die, andern Unsre Söhne ihre Brüder sämbtlich dieselben Unsere unberahtene Söhne und Töchter, mit einander berahten helfen sollen; die
Söhne alle in Geistliche Stände und die Töchter in Geist- oder Weltlich Stände. Welche
Unsere Töchter auch berahten, und nicht aus-
gerichtet wären, die sollen sie sämtlich aus-
richten. Wir ordnen auch, daß Unsern Töch-

tern,

tern, die Wir unberahten hinter uns verlaſ-
ſen, auch denen, die Unſere Söhne ehelig
überkommen, und in eheliche Stände berahten würden, Ihr keiner über 10,000 Rheink.
Gulden zu Heyraths-Gut pflichtig ſeyn ſoll
zu geben. Wir ordnen auch, daß alle Privilegia von Bullen, Hand-Veſten und andre
Briefe, die zu der Marck zu Brandenburg gehören in der Marck bleiben, und dem Lande
zu gut, verwahrt werden ſollen, wo und wie
Ihm daß am aller bequemlichſten, ſicherſten
und beſten bedüncket; So ſollen alle Privilegia, Bullen, Hand-Veſten und andre Briefe
die zu dem Lande zu Franken gehören, zu Ca-
doltzburg, und die ſo zu dem Gebirge gehören
zu Plaſſenburg liegen und verwahrt ſeyn. So
ſoll es gehalten werden mit dem Heiligthumb,
Gefäſſen und andern Gezierden.

Auch ordnen Wir, ob der obgenannten
Unſerer Werntlichen Söhne einer ſtürbe, und
unmündige Kinder hinter Ihm laſſen würde,
ſo ſollen der oder die Andern ſeine werntlichen Brüder, derſelben Kinder Vormunde ſein,
doch

doch sollen Sie in des verstorbenen Bruders
Theil Landes, Räthe ordnen und setzen, die
mit den Ihren umbgehn und getreulich handeln, und soll man von denselben ieden Jahres Rechenschafft nehmen, damit Ihnen dás
Ihre fürgespart werde.

So mächtigen Wir Marggraff Albrecht,
Wir Anna, seine Gemahl, Wir Johannß und
Friedrich, Ihre Söhne, Uns alle sämptlich
mit einander, der Andern Unser zweyer Söhne und Brüder, Marggraff Sigmundts und
Marggraff Georgen, und auch der Andern Unser Kinder und Geschwister, gereden und ver-
sprechen Wir an eines rechten und geschwor-
nen Eydes-Statt, solche Theilung, Ordnung,
Vertrag und Einigung in allen Stücken, stet,
fest und unverbrüchlich zu halten. Und deß zu
wahren offnen Urkund und Bekräftigung, so
haben Wir für Uns, alle Unsre Erben und
Nachkommen, Unser Jegliches sein Insiegel an
diesen Brief hengen lassen. Geschehn und gegeben zu Cöln an der Spree, Vierzehn Hundert und darnach in dem drey und Siebentzig-
sten Jahre. Siehe Facti Species 150 ff.

Nro.

Nro. VII *).

Des Kaisers Friedrichs III. Bestätigung
deſſen was der Churfürſt und Markgraf Albrecht Achilles über die Erbfolge in ſeinen Ländern beſtimmt hat, im
weſentlichen Auszuge.

Wir Friedrich von Gottes Gnaden Römiſcher Kaiſer ꝛc. bekennen und thun kund öffentlich mit dieſem Briefe — Wann uns der
Hochgebohrne Albrecht Marggraf zu Brandenburg ꝛc. fürbracht hat einen Brief, wie Er eine
Einung, Theilung, Ordnung, Satzung und
Vertrag mit Gunſt, Wiſſen, Willen und Volwort der Hochgebohrnen Annen Marggräfin
zu Brandenburg ꝛc. Seiner Gemahl, und
der Hochgebohrnen Johanſen und Friedrichs,
Seiner Elتiſten Söhne, zwiſchen denſelben
und andern Seinen Söhnen und Kindern die
Er jetzo hat und Ihm von dem allmächtigen
Gott künftig verliehen werden mögen, gemacht,

*) Zu Seite 54.

macht, geordnet und gesetzt hat; So haben
Wir mit wohlbedachtem Muth und gutem Rath
Unsrer des Heiligen Römischen Reichs Churfürsten, Fürsten, Grafen, Edlen und Ge-
treuen, als Römischer Kaiser gnädiglich bestä-
tigt, befestigt und confirmirt die obgemeldte
Einung ꝛc. mit allen ihren Stücken, Punkten,
Artikeln und Begreiffungen, wie der obbe-
meldte Brief das alles innehält und ausweißt.
Und gebieten allen und jeglichen Churfürsten,
Fürsten ꝛc. und allen Untherthanen des Reichs
ernstlich und vestiglich, daß Sie die obgenannten Unsere Oheimen, Churfürsten und Fürsten,
die Marggrafen und Ihre Erben an solchen
allen und jeglichen nicht hindern oder irren
in keine Weise, sondern Sie dabei getreulich
handhaben, schützen, schirmen und bleiben
lassen bei tausend Pfund lötigs Golds unab-
lößlicher Poen, halb in Unsere Kaiserliche
Cammer, und halb den obgenannten Unsern
Oheimen den Marggraffen und Ihren Erben
zu bezahlen. Mit Urkund dieses Brieffs ge-
siegelt, mit Unsrer Kaiserlichen Majestät anhangenden Insiegel,. Geben zu Augspurg am

L 5   Mon-

Montag vor dem heiligen Auffart-Tag nach
Christi Geburt 1473. Siehe Facti Species
161 ff.

Mro. VIII*).

Pragmatische Sanction des Hauses Brandenburg, die zu Gera zwischen den Churfürsten Joachim und dem Markgrafen
Georg Friedrich 1598. errichtet und den
29sten April des folgenden Jahres
1599 zu Magdeburg völlig abgeschlos-
sen und gegenseitig unterschrieben worden ist — im wesentl. Auszuge.

Wir von Gottes Gnaden Joachim Friedrich, des Heil. Römischen Reichs Erzcämme-
rer und Churfürst, und von desselben Gnaden
Wir Georg Friedrich, Gevettern und Marggrafen zu Brandenburg ꝛc. vor Uns und Unsre Erben und Nachkommen, Churfürsten und
Marg-

*) Zu Seite 54.

Marggrafen zu Brandenburg bekennen und
thun kund öffentlich mit diesem Brief, als
Gott der Allmächtige die Gemüther der Menschen selbst dermassen geschaffen, daß sie ins-
gemein und zubörderst, ie tapferer dieselben,
ihrem Herkommen nach geartet, ie mehr sie
dahin gedenken und trachten, wie sie sich
und die ihres Namens und Standes bei ihrer
aus Gottes Seegen selbst erlangten, oder
uff sie gestamten Hoheit u. s. w. erhalten und
zu noch weitern Ufnehmen mehr Gelegenheit
an die Hand bringen. Insonderheit aber allen
künftigen Abfall und Verringerung, solches
ihres hohen Standes und was entweder mit
Schwächung oder Zertheilung ihrer Gütter und
Vermögens, dadurch die Hoheit und Würde
eines Geschlechts nicht erhalten werden kann,
verhüten mögen. Welcher angebohrnen Affe-
ction nach zur Erhaltung und Aufnehmung
Königl. Churfürstl. und anderer Häußer, auch
in Unserm Chur- und Fürstl. Hauße, durch
Unsern Uhr-Anherrn Churfürst Albertem Achil-
lem Germanicum löblichen Christseeligen Ge-
dächtnis, als einzigen Regenten und Herrscher
aller

aller des Chur- und Fürstl. Haußes Brandenburg, Land und Leute, Pacta, Satzung und
Vereinigung von Alters zu dem Ende Hoch-
vernünftig aufgerichtet, damit die Geschlecht
und Häußer im besten Wohlstande erhalten und allen Abfall und Verringerung vor-
gebaut werden möchte. So haben Wir alle
Wege einmüthig dafür geachtet, daß Churfürst
Alberti Achillis Verordnung, welche auch Kaiser Friedrich III. ufm in aller Stände Versammlung mit derselben Vorwissen, Bewilli-
gung und Vollwort confirmirt hat, von Uns
und Unsern Nachkommen, von nun an zu
ewigen Zeiten zu halten, wie denn dieselbe
pro Pacto, pro statuto Familiae, quod transiit
in Formam Contractus; ja pro pragmatica
sanctione et lege publica zu achten, welche dann
dieses Inhalts: "daß hinführo des ganzen
„Chur- und Fürstlichen Haußes Brandenburgs
„Land und Leuthe, alle Märkische Lande, ohne
„einigen Unterschied, zu ewigen Zeiten mit der
„Chur Brandenburgk unirt seyn und alle mit-
„einander durch den erstgebohrnen und ältisten
„Sohn, den Churfürsten zu Brandenburgk, als
„einem

„einem einzigen Herrn regiert werden; daß aber
„in den Fränk. Fürstenthümern zweine regieren-
„de Herren seyn sollen.” Demnach haben wir
gleichfalls für zuträglich erachtet, diese Unsers
Eltern und Ur-Anherrn Churfürst Alberti
Achillis Germanici Verordnung hiermit noch-
mals erneuern, erklären und bestätigen zu
wollen. Thun solches hiermit in Krafft dieses Brieffes wissentlich und wohlbedächtig,
haben uns auch dessen, als die zweien einzige
regierende Chur- und Fürsten des Hauses
Brandenburg also endlich mit einander freundlich verglichen und wollen, daß hinführo und
zu ewigen Zeiten, sollcher jetzo angezogenen
Disposition und Veränderung von Unsern
freundlichen, lieben Söhnen, Brüdern und
Vettern, auch allen derselben Erben und Nachkommen, unverhindert gelebt und nachgesetzt
werde also und dergestalt.

1) Daß nehmlich anfangs und vor allen
Dingen, Unsere freundlich geliebte Söhne,
Brüder und Vettern, in Gottes Furcht und
nach seinem heiligen Geboten und Willen leben

ben und sich aller Christlichen Tugenden be-
fleißigen, in deren Landen und innehabenden
Orten die reine wahre Evangelische Lehre sonderlich in Kirchen, Schulen und Universitäten
rein erhalten. Dann auch

2) Iuftitiam manniglichen gleichmäßig ad-
miniftriren, die Reversen den Landschaften geben, und die getreue, gehorsame Unterthanen,
die allbereit bei der Herrschaft gar viel gethan, in gnädiger, schuldiger Acht haben, dieselben mit neuen Auflagen nicht beschweren,
und sie bei ihren Freyheiten und alten Her-
bringen gnädiglich bleiben lassen, auch dabey
schützen und handhaben, ꝛc.

3) Wann Wir Joachim Friedrich, Marggraf zu Brandenburg, Churfürst u. f. w. mit
Tode abgingen, so setzen, ordnen und wollen
wir, daß alsdann unserem Eltiften Eheleiblichen
Sohne, Marggraff Johann Sigismunden und
seinen Mänlichen Ehelichen Leibes-Erben absteigender Linie, oder im Mangel derselben, dem
andern unsern Eltiften Sohne, und also in
Ewigkeit, der Gülden Bulle nach, allwege
dem

dem Churfürsten die Marck und Chur-Brandenburg, wie die in Ihren Creysse begriffen, so wohl die Alte, Mittel, Ucker und Reumarck, als auch die Priegnitz, Graffschaft Ruppin 2c. mit allen Landen, Leuthen, Schlossen Städten, Wildtpahnen, Zollen, Geleydten, Gerichten, Lehnschaften verbleiben, doch sollen Wir oder Unsere Successores schuldig seyn, einem jedweden der andern Fürsten und Marggrafen zu Brandenburg, die mit gewissen Landen, Leuthen oder Stifften nicht versehn, und doch ihres Unterhalts oder Deputats halber uff die Chur und Mark-Brandenburg gewiesen und gehörten eine leibliche, erträgliche Recompens zu machen.

4) Was uns Marggraf Georg Friedrichen zu Brandenburg beruhet, so sollen, wenn Wir ohne Männliche Leibes Lebendige Erben verstürben, Unsere Fürstenthumb und Lande des Burggrafthumbs zu Nürnbergk unter und oberhalb des Gebürges mit allen seinen Schlossen, Städten, Mannschaften, Lehnschaften, Wildtpahnen, Zöllen, Geleyten, Gerichten, Obrigkeiten, Gerechtigkeiten, Herrlichkeiten und

und aller andern Zugehörung, Geistlichen und
Weltlichen, mit allen Ehren, Würden, Nutzungen, Renthen, Zinsen, Gülden, nichts
ausgenommen, Unsern des Churfürsten freundlichen lieben Brüdern und Unsern Vettern,
Marggraff Christian und Marggraff Joachim
Ernsten, oder da sie Unsern Tod nicht erleben, Ihren Jedes Eltisten Männlichen Ehe-
lichen-Leibes-Erben, absteigender Linie, oder
in Mangel derselben den andern Ihren nech-
sten Brüdern und Lehns-Agnaten hinnach folgen und zu gehn, also und der Gestalt, daß
in solchem Unsern Fürstenthumb des Burggrafthumbs zu Nürnbergk, den altväterlichen
Verträgen nach, jedesmahl mehr nicht als
zwein regierende Herrn seyn, welche dasselbe
Unser Fürstenthumb auf zwein gleiche Theil
unter sich theilen, und welches Theil Ihr jedem durchs Loß zufällt, er solches unweiger-
lich annehmen soll; doch sollen alle Bergwerke, die man in beyden Landen, itzunder
hat, oder hinführo gefunden würden, auch
das Kayserliche Landt-Gericht des Burggrafthumbs Nürnbergk nechstgedachten Unsern Vettern,

tern, oder derſelben Männliche Eheliche Leibes-Erben oder Gebrüdern gleich zuſtehn,
uff daß Sie dieſelben neben ihren Landen
und Leuthen deſto baß handhaben, ſchützen,
ſchirmen und erhalten mögen ꝛc. Siehe Paulis Staats Geſchichte ꝛc. Theil 3. S. 369.
und Note f. daſelbſt.

Nro. IX ⁂).

Art. 10.

Aus dem Friedensſchluß, vom 13. Maͤ
1779 zu Teſchen zwiſchen den Wiener
und Berliner Hofe.

Man hat Zweifel erhoben über das Recht
Ihrer Majeſtät von Preußen, die beiden Fürſtenthümer Anſpach und Baireuth, im Fall
der Erlöſchung der ietztregierenden Linie daſelbſt, mit der Erſtgeburt Ihres Hauſes zu
vereinigen; Ihre Majeſtät die Kaiſerin und

M

Köni-

*) Zu Seite 54.

Königin verpflichtet Sich daher, für Sich, Ihre Erben und Nachfolger, der Wiedervereinigung erwähnter Länder mit der Erstgeburt des Churfürstenthums von Brandenburg, niemals und auf keine Art entgegen zu seyn, noch sich zu widersetzen, daß Ihro Majestät von Preußen in denselben iede beliebige Einrichtung und Veränderung treffen können.

Comme on a élevé des doutes sur le droit, que Sa Majesté Prussienne a, de réunir à la primogéniture de Sa Maison les deux Principautés de Bareuth et d'Anspach, en cas d'extinction de la ligne, qui posséde actuellement ces deux Principautés, Sa Majesté, l'Impératrice - Reine s'engage pour elle et pour ses héritiers et successeurs, à ne jamais mettre aucune opposition, à ce, que les dits pays d'Anspach et de Bareuth puissent être réunis à la primogéniture de l'Electorat de Brandenburg, et qu'elle puisse en disposer à son gré.

Nro.

Nro. X*).

Beſtätigungs Brief des Kaiſers, Karls des Sechſten über das Vermächtniß, wel=
ches die Marggärfin Chriſtiane Char=
lotte im Jahr 1726 zur Errichtung ei=
ner Landesuniverſität gemacht hat.

Wir Karl der Sechſte, von Gottes Gna=
ben ꝛc. bekennen öffentlich mit dieſem Brief
und thun kund allermanniglich, nachdem Wir
aus Römiſch-Kaiſerlicher Höhe und Würdig=
keit, auch angebohrner Güte und Milbigkeit
allzeit geneigt ſeynd, aller und jeglicher Unſe=
rer und des Heil: Röm. Reichs Unterthanen,
Ehr und Wohlſtand zu befördern; ſo wird
dann Unſer Kayſerl. Gemüth billig bewogen,
zuförderſt die Unſerm Allerhöchſten Kayſerli=
chen Amte zukommende Sorge zu tragen, da=
mit in dem Heil. Röm. Reich, zu des gemei=
nen Weſens Wohlfarth, Dienſt und Beſten,
nicht nur mindere, ſondern auch hohe Schu=
len

*) Zu Seite 72.

len und Univerſitäten geſtiftet, erhalten, und
zu deren Beſtand und Wachsthum, mit Ehren
Würden und Freyheiten begabet, und mit
Kayſerlichen Schutz und Gnaden zulänglich
verſehn, auch wider männiglich Anfechtung
gehandhabet und beveſtigt werden.

Wann uns nun die Durchlauchtig ⸱ Hochge⸱
bohrne Chriſtiane Charlotte, verwittibte Marg⸱
gräfin und Ober⸱Vormunderin zu Brandenburg⸱
Onolzbach, gebohrne Herzogin zu Würtem⸱
berg, Unſere liebe Muhm und Fürſtin, als
Mutter und Ober⸱Vormunderin Ihres einzi⸱
gen Sohns und Erb⸱Prinzens Carl Wilhelm
Friedrichs Lbd. demüthigſt zu vernehmen ge⸱
geben, wie daß ſie unabläßig darauf bedacht
ſeye, Ihre Ober⸱Vormundſchaftliche Verwal⸱
tung des Fürſtenthums Onolzbach unter gött⸱
lichem Beyſtand dergeſtalt treulichſt fortzuſetzen,
daß gedachten Prinzens Lbd. in der Gottes⸱
furcht wohl erzogen und ſein und ſeiner Erb⸱
Väterlichen Landen Heyl und Wohlfahrt in
aufrechten Stand geſtellet und erhalten wer⸱
den möge; daß Ihro auch zugleich die Be⸱
trachtung beigegangen, daß eines Fürſten und

ſei⸱

feines Landes innerliche Glückseeligkeit und zugleich das gemeine Beste nicht wenig auch daburch befördert werde, wann nicht nur niedere, sondern auch hohe Schulen in demselben unterhalten und die eingebohrnen Landes-Kinder, gleichsam im Angesicht ihrer Eltern und Obern angeführt werden, Gott und den Menschen, und zugleich auch ihre Landes-Art und innerliche Verfaßung reiflich zu erkennen, mithin auch Gott, ihrem Fürsten und ihrem Vaterlande mit der Zeit desto nützlicher zu dienen; weilen aber in obgedachten Fürstenthum es an solcher Glückseeligkeit und Bequemlichkeit einer Universität bishero ermangelt hat, so seye sie dann bei solcher Bewandnuß entschlossen, in dem Onolzbachischen Fürstenthum an einem wohlgelegenen Orte eine Universität aufzurichten, worzu und zu einem Fundo zu deren Unterhaltung, zumahlen auch zur Versorgung eines Convicts für die Unvermöglichen allbereit gewiße Geld-Mittel vorgesehn, besonders aber von Jhro Lbd. zu Erricht- und Veststellung dieses Jhres heilsamen Vorhabens eine Schenkung von

100,000

100,000 Reichs-Thaler ꝛc. wohlmeinend und
bedächtiglich gewidmet worden. Da Uns demnach Ihro Lbd. demüthigſt gebetten, einer ſolchen Univerſität die allerhöchſte Kayſerl. Ver-
willigung allermildeſt zu ertheilen, ſo erkennen Wir gnädigſt ihrer Lbd. ganz billigen
Bitte und den ob Deroſelben rühmlichen Vor-
haben, und lobwürdigem Eifer nicht allein
dem gemeinen Weſen, ſondern auch dem Fürſtenthum Onolzbach zuwachſenden groſſen Nutzen, und haben daher mit wohlbedachten
Muth guten Rath und rechten Wiſſen von
Kayſerl. Amts- und Machts-Vollkommenheit
wegen, ſo wohl Dero aufgerichteten, Uns in
Originali vorgebrachten Stiffts- und Schen-
ckungs-Brief unter heutigem dato in Kayſerl.
Gnaden confirmirt und beſtätiget, und erlauben hiermit und geben Ihro die Macht und
Gewalt in Kraft dieſes Kayſerlichen Briefs,
eine aus allen Fakultäten beſtehende Univerſität aufzurichten und zu ſtiften, welcher Wir
dieſe Kayſerliche Gnad ertheilen, daß ſie alle
und jede Kayſerl. Privilegien, Gnaden, Be-
fugniſſe, Immunitäten, Prärogative, Ehren,
Wür-

Würden, Rechte und Gerechtigkeiten, wie solche alle andere von Römischen Kaisern und Königen privilegirte hohe Schulen im heiligen Römischen Reich erlangt, gebrauchen, üben und genießen sollen.

(Nun werden die Vorzüge und Würden des iedesmaligen Prorektors, Profanzlers und der übrigen Lehrer aller Fakultäten bestimmt.) Der Brief endet sich:

Mit Urkund dieses Briefs, besiegelt mit unsern Kaiserl. anhangenden Insiegel, der geben ist in unserer Stadt Wien, den 16ten Tag Monats Junii, nach Christi unsers lieben Herrn und Seeligmachers gnadenreichen Geburt im Siebenzehnhundert und Sechs und Zwanzigsten, Unserer Reichen des Römischen im Fünffzehenden, des Hispannischen im Drey und Zwanzigsten, des Hungar- und Böheimischen aber im Sechzehnden Jahre.

Karl.

Vt. Frieb. Carl, G. v. Schönborn

Ad Mandatum Sac. Caes.
Majestatis proprium
E. F. v. Glandorff.

Collat. und regiſtrirt
Simon v. Stook, Regiſtrator.

Druckfehler.